Seeadlerschreie

Falko Feldmann

Bibliografische Information der Deutschen Nationalbibliothek:
Die Deutsche Nationalbibliothek verzeichnet diese Publikation in
der Deutschen Nationalbibliografie; detaillierte bibliografische
Daten sind im Internet über dnb.dnb.de abrufbar.

Herstellung und Verlag: BoD – Books on Demand, Norderstedt
Das Werk ist einschließlich aller Teile urheberrechtlich geschützt. Jede Verwertung nur mit Zustimmung des Autors
© 2016 Falko Feldmann
contact@falkofeldmann.de
2. korrigierte und überarbeitete Auflage 2018

Umschlagbild: Graffiti vom 16.07.2014 – Ringgleis
Braunschweig – Unbekannter Künstler
Lektorat: Gerlinde Körner, Hannover
Herstellung mit freundlicher Unterstützung von
Corinna Senftleben, net55.de, Braunschweig

ISBN: 9-783752-868821

Für Dich

Inhalt

Klopfen

Dieser 19. Mai 1969 wird mir immer in Erinnerung bleiben. Da kannst Du ganz sicher sein.

Wir haben Deutsch bei Herrn Linke, und das ist nicht lustig. Herr Linke schaut aus kleinen Augen in einem fetten Gesicht. Seine Haare sind spärlich und kleben pomadig und nach hinten gekämmt auf seiner speckig glänzenden Kopfhaut. Er hat keinen Hals, sondern sein Kopf steckt in einem engen Hemdkragen, der vorne durch eine viel zu kurze Krawatte zusammen gehalten wird. Die Krawatte ist hellblau und sieht echt hässlich aus. Sie liegt auf seinem dikken Kugelbauch, der das Jackett auseinander drückt. Auf den Ärmeln hat er an den Ellenbogen Lederaufsätze, die den Stoff schonen sollen, aber selbst schon fast durchgescheuert sind. Aus den Ärmeln schauen die Manschetten eines schäbigen, weißlichen Hemdes hervor. Seine Hände glänzen, weil sie immer eingecremt sind. Er fettet sie im Unterricht mindestens zwei Mal ein. Die wurstigen Finger seiner rechten Hand sind fest um sein Lieblingswerkzeug geschlossen: ein Bambusrohr, mit dem er an der Tafel auf angemalte Wörter zeigt, drohend durch die Luft fuchtelt oder schmerzhaft straft.

„Ruhe!" warnt seine niederträchtige Stimme in hohem Ton fast leise, aber bis in die letzte Reihe hörbar.

Weil sie dabei so zischt, nennen wir ihn heimlich ‚die Natter'.

„Ruhe, wenn ihr ihn nicht spüren wollt! Verstanden?" Verstanden.

„Das große ‚L' schreibt ihr, indem ihr oben beginnt, ihr Nichtsnutze; erst nach der Schleife geht es abwärts zur Grundlinie. Und wehe dem, der sie unterschreitet."

Wir lernen Sütterlin-Schrift, wissen nur nicht so recht wofür. Außer meiner Oma schreibt so keiner mehr. Herr Linke schreitet mit gerecktem Wabbelkinn durch den Mittelgang zwischen den Tischen nach hinten. Seine Schweinsäuglein beobachten jede unserer Bewegungen, die wir beim Schreiben machen.

Wir ducken uns über unser Heft, fassen den Füllfederhalter umso fester, je näher uns der Lehrer kommt. Er bleibt - wie so oft - vor mir stehen, ergreift eines meiner Ohrläppchen und dreht es nach oben. Das schmerzt sehr, sage ich Dir.

„Wie oft habe ich dir gesagt, sauber zu schreiben? Und was ist das dort? Schon wieder ein Tintenfleck! Du Taugenichts! Ich werde dich lehren, hier nicht meine Zeit zu verschwenden!" Sein Freund, der Rohrstock, saust neben mir auf die Tischplatte. „Noch einmal, Freundchen, und du machst Bekanntschaft mit ihm!"

Ich nicke und schaue nach unten auf mein Heft, während die Jungen hinter mir hörbar gnickern und sich an meinem Schreck erfreuen. ‚Blöde Kerle‘, denke ich. Aber Bernhard links neben mir greift unter dem Tisch nach meiner Hand und macht ein grimmiges Gesicht. ‚Von dem lassen wir uns nicht unterkriegen‘, soll das heißen. Bernhard ist mein Freund.

Da klopft es.

Drei Mal kurz hintereinander.

Herr Linke schaut in die Luft und horcht mit leicht verdrehtem Kopf, ob er sich vielleicht getäuscht hat.

Es klopft erneut an die Tür des Klassenraumes. Aber deutlicher.

Herr Linke fährt herum und steuert auf die Tür zu. Als er an seinem Pult vorbeikommt, überlegt er es sich anders und lässt sich auf seinen Stuhl fallen, der unter seinem Gewicht stöhnt. Sein Blick lässt uns nicht los, während er scharf ruft: „Wer stört? Herein!“

Langsam öffnet sich die Tür. Alle Augen sind auf sie gerichtet und warten gespannt, wer eintreten wird.

Es tritt ein Mädchen ein. Ein Mädchen, wie wir noch keines gesehen haben, potztausend.

Ich schlucke, Bernhard schluckt, die Kerle hinter mir verstummen und schlucken vermutlich auch. Den Mädchen hinter ihren Tischen erstarren die Gesichtszüge, ihr Grinsen gefriert, ihre eifrigen Federn hören auf, über das Papier zu kratzen.

Das alles nehme ich wahr, während ich meine Brille die Nase hochschiebe, während ich nur auf dieses Mädchen schaue, das inzwischen die Tür hinter sich geschlossen hat und ruhig, fast artig wartet, vom Lehrer angesprochen zu werden.

Wenn sie auch nicht größer ist als wir, so erscheint sie mir doch hochgewachsen, so schlank ist sie. Sie hat ein knielanges, schulterfreies buntes Kleid an, auf dem gelbe und rote Blumen auf einer grünen Wiese wachsen. Ihre Haut ist nicht weiß, sondern so braun wie unsere nach einem langen Sommer. Ihre Haare sind dunkelbraun und schulterlang, die Augenbrauen schwarz und ihre Augen vermutlich ebenfalls braun. So gut sehe ich leider nicht, um das von hier hinten erkennen zu können. Ihre Lippen sind geschwungen und rot und ihre Nase schmal. Hol mich der Hakelmann, ich stehe nicht allein, wenn ich sage, dass sie das schönste Mädchen ist, das wir jemals gesehen haben.

Silvie.

Ich spüre, dass mein Mund offen steht, schließe ihn wieder und schlucke noch einmal.

„Aha, soso!" züngelt es aus dem Mund der fetten Natter Richtung Silvie. „Da, wo du herkommst, ist Pünktlichkeit ein Fremdwort, was?"

„Ich..." setzt Silvie an.

„Halt den Mund und setz dich auf deinen Allerwertesten." Mit einer herrischen Geste verweist er sie in den Klassenraum.

Silvies Blick sucht einen Platz. Silvies Blick findet keinen Platz. Silvies Blick wendet sich zum Lehrer zurück, doch der greift seinen Stock nur fester und quetscht ein „Mach schon!" zwischen den Zähnen hervor.

Silvie geht zögernd auf den Mittelgang zu, hat ihre Schultasche mit beiden Händen umfasst und weiß nicht, wo sie sich setzen soll.

Also, ich bin weder ein Held, noch habe ich mich jemals getraut, ein Mädchen anzusprechen; ich schwör´s. Deshalb weiß ich auch nicht, was mich dazu bringt aufzuspringen, als sie sich meiner Reihe nähert. „Hier, nimm meinen Platz!" flüstere ich ihr zu und biete ihr meinen Stuhl an. Sie sieht mich geradeheraus an. Mir wird siedend heiß und ich laufe puterrot an. Aber sie nickt nur kurz und setzt sich. ‚Mein Gott, was werden meine feinen Mitschüler über mich in der Pause herfallen, über mich, ihre stets errötende Brillenschlange', schießt es mir durch den Kopf.

Bernhard aber rückt ein Stück und ich setze mich zu ihm auf seinen Stuhl neben Silvie.

„Sieh mal an, Ehrenmänner." Die Natter kneift die Augen zusammen, grinst feist und befeuchtet seine dicken Lippen mit seiner urplötzlich hervorschnellenden Zunge.

„Das kleine ‚i' ist nur ein Strich, den ihr von oben bis zur Grundlinie zieht, mit einem Haken nach rechts oben. Danach verziert ihr es mit einem Punkt", fährt er fort, als wäre nichts geschehen. „Jetzt schreiben

wir das ‚e': es ähnelt einem lateinischen ‚n'! Das ‚b'
wird so wie im lateinischen Alphabet geschrieben.
Und noch einmal das ‚e'. Na, was lest ihr da? Haha-
haha!" Er schlägt sich auf die Schenkel vor Vergnügen und die Krawatte hüpft auf seinem drallen Bauch
auf und ab.

Silvie indes schweigt und blickt ihn still und unverwandt an. Sie scheint ihm aufmerksam zuzuhören
und jedes Wort aufzunehmen, was er sagt. Ihr Gesicht zeigt keinen Ansatz eines Lächelns. Zu uns
schaut sie nicht ein einziges Mal herüber.

In der Pause rotten sich alle Schüler auf dem
Schulhof in ihren Grüppchen zusammen. Es ist heute
so warm, dass die Fenster der Schule offen stehen.
Auch alle Geräteschuppen, die den Schulhof umgeben, werden gelüftet.

Klar, dass sich die Gruppe um den starken Uwe
Gedanken macht, wie sie Silvie begrüßen könnte. Zu
dieser Gruppe gehören die Stärksten der Klasse und
die, die sich zu ihnen zählen wollen. Das sind die, die
nur geduldet werden, wenn sie irgendeinen Unsinn
anstellen. Sie tun alles, um ein Lob von den Stärksten
zu bekommen. Glaub nur nicht, dass Bernhard und
ich zu denen gehören. Wir gehören zu keiner Gruppe
so richtig. Wenn wir wollten, würde uns die Strebergruppe aufnehmen. Aber das wollen wir unsererseits
auch nicht wirklich.

Silvie steht allein an die Hauswand der Schule gelehnt und schaut sich auf dem Schulhof um. Bernhard und ich überlegen, ob wir mal zu ihr hinüber gehen sollten. Aber vielleicht mag sie das nicht. Andererseits muss es blöd sein, wenn man niemanden kennt. Wir fragen uns, ob sie uns gerne näher kennen lernen würde. Wir sie auf jeden Fall.

Da will sich der schmale Klaus in der Stärksten-Gruppe hervortun. Er fängt mit einem Joghurtbecher offenbar eine von den großen, langbeinigen Spinnen, die in den Geräteschuppen leben, grinst breit, als er die Jungs in den Becher linsen lässt und mit einer Kopfbewegung auf Silvie seinen Plan verrät. Alle nicken ihm begeistert zu und beobachten ihn, wie er sich von der Seite an Silvie heranpirscht.

Gerade wollen wir Silvie warnen, als der schmale Klaus auch schon bei ihr angelangt ist und die Spinne aus dem Joghurt-Becher über Silvie ausschüttet. Die Spinne springt auf Silvies Schulter und krallt sich fest. Klaus rennt feixend weg. Nicht nur die Jungen, sondern auch alle Mädchen auf dem Schulhof haben den Anschlag mitbekommen und reißen schaulustig die Augen auf.

Silvie ist völlig ungerührt. Während sich alle mit angeekeltem Gesicht vorstellen, ihnen würde die Spinne auf der Haut sitzen, bewegt sich Silvie ebenso wenig wie die Spinne. Erst Sekunden später, als die langen Beine der Spinne beginnen, sich voran zu tasten und sie sich anschickt, Silvie den Arm hinunter zu laufen, führt das Mädchen seelenruhig die andere

Hand, zu einer Höhle geformt, in den Laufweg der Spinne. Sie sieht ihr zu, wie sie das Versteck sofort annimmt und in der Hand verschwindet. Sanft schließt Silvie die Hand um die Spinne, führt sie an den Mund und spricht etwas in ihre Hand hinein. Sie schaut sich kurz um, findet eine Spalte in der Häuserwand und entlässt die Spinne in den sicheren Unterschlupf.

Silvie lehnt sich wieder an die Wand und schaut zu uns und den anderen auf dem Schulhof hinüber – ohne ein Lächeln, aber auch ohne Aufregung auf ihrem Gesicht.

Ich bewundere sie und nicke ihr langsam und mit ernstem Blick zu. Ich traue mich sogar, ihr dabei in die Augen zu schauen. Ein Anflug eines Lächelns umspielt ihre Mundwinkel und läuft ganz kurz zu ihren Augen hinauf, bevor sich die Züge wieder glätten. Für mich reicht es schon: ich stehe wieder so rot da wie ein Pavian mit seinem Hintern.

Die Jungs, die sich auf ein herzhaftes Geschrei und Gezeter des neuen Mädchens gefreut haben, sind sauer. Der starke Uwe knallt dem schmalen Klaus mit der flachen Hand auf den Hinterkopf und brüllt ihn an, er hätte das versaut. Der eifrige Sven ruft zu Silvie hinüber, das werde ein Nachspiel haben! So könne man mit ihnen nicht umgehen! Sie halte sich wohl für was Besseres?

Genau! Für was Besseres! Die Mädchen sind ebenso stinkig. „Die will anders sein als wir!" rufen sie sich zu. „Wie kann man nur eine eklige Spinne anfassen!" „Seht nur, hat ja selbst Spinnenbeine! Und schwarze Borsten über den Augen."

„Wer weiß, wo die herkommt, so braun wie die ist?" fragt einer der Streber, der graue Lukas, bei dessen Gruppe Bernhard und ich stehen. Gemeinsam blitzen wir ihn mit einem scharfen Blick an und schnauzen zu ihm hinüber, er solle sie in Ruhe lassen und den Mund halten. Das wiederum hat der starke Uwe gehört und bölkt betont laut: „Hört, hört! Die Brillenschlange verteidigt die Neue, diese Spinne!"

Und ich: klar doch. Rot. Ich sage Dir: Rot ist nicht meine persönliche Lieblingsfarbe.

Die Klingel rettet alle.

In der nächsten Stunde bei Frau Müller-Kahl hat Silvie einen Stuhl. Sie sitzt vorne in der ersten Reihe beim Neele. Das Neele heißt so, weil sie immer ‚Nee' sagt. Sie ist etwas langsam in allem, kann nicht klettern und trägt Zeitungen aus. Ist ja eigentlich nicht schlimm. Sie sagt immer ‚Nee'. Und als Silvie sie fragt, ob sie was dagegen hat, dass sie sich neben sie setzt, sagt das Neele auch ‚Nee.' Silvie bedankt sich und setzt sich also neben sie.

Den ganzen Unterricht über kann ich nicht den Blick von Silvie nehmen. Sie hört aufmerksam zu, schaut nur nach vorn und arbeitet mit. Wenn sie etwas in ihr Heft schreibt, schiebt sie mit Zeige- und Mittelfinger ihre glatten, dunkelbraunen Haare hinters Ohr, so dass ich ihr Gesicht von der Seite sehen kann. Sie trägt einen kleinen Ohrring aus Holz, in dessen Mitte eine winzige farbige Feder hin und her schwingt. Immer wenn sie nach unten schaut, warte ich schon darauf, dass sie mir die Feder wieder zeigt. Nichts anderes hätte besser zu ihr gepasst. Da bin ich mir sicher.

Nach dem Unterricht ist sie weg, bevor ich ihr folgen kann.

Halt mal, halt mal: bevor ich ihr folgen kann? Bin ich wahnsinnig geworden? Bin ich heute zu einem Draufgänger geworden? Schon solche Gedanken zu haben, ist mir fremd. Die Wahrheit ist, dass ich sie natürlich erreicht hätte, wäre ich ihr gefolgt. Aber was hätte ich dann zu ihr sagen sollen? Sag Du es mir: was sagt man dann? Hallo, mein Gott, was bist du schön? Sollen wir zusammen nach Hause gehen? Warum bist du so braun?

Was - sagt - man?

Keine Ahnung. Man hält die Schnauze und schaut vorsichtig. Das ist es auch schon.

Ich freue mich aber schon auf den nächsten Tag, der sie wieder zu mir bringen wird.

Freunde

Die Leute aus unserem Dorf stehen nicht nur auf dem Schulhof in Gruppen zusammen. Die Gruppen haben auch das Dorf unter sich aufgeteilt. Der starke Uwe mit seiner Truppe beherrscht den Bereich im Osten hinter der Bahnlinie Richtung Badeteich. Da gibt es jede Menge Häuserblocks, in denen viele aus unserer Klasse wohnen. Manche von ihnen sind ziemlich fies drauf. Die Knöll-Zwillinge zum Beispiel hänseln jeden, der an ihrem Block vorbei kommt. Sie sind dicker als jeder andere und treten immer zu zweit auf.

Dort hat auch der rote Achim gewohnt, der so wegen seiner Haare hieß, die rot in der Sonne leuchteten. Der rote Achim hat mich mal bis hoch in den Baum auf dem Spielplatz gejagt, um mich zu verprügeln. Warum er das tun wollte, weiß ich nicht. Ein Heuwender hat ihn wenig später mit seinem Fahrrad erwischt, und wir waren alle bei seiner Beerdigung dabei. Geweint hat aber keiner. Der rote Achim war einfach ein komplett nerviger Typ. Heute sind es, wie gesagt, vor allem noch die Knöll-Zwillinge, die alle in Angst und Schrecken versetzen.

Bernhard wohnt ebenfalls dort in einer Erdgeschoss-Wohnung mit einem Balkon. Manchmal, wenn wir uns verstecken müssen, kriechen wir unter den Balkon und legen uns flach auf den Boden. Es ist noch keiner darauf gekommen, dass wir dort liegen.

Hinter der Bahnlinie, aber Richtung Norden zur Burgruine hinaus, herrscht die Bande vom krassen Bernd. Der krasse Bernd hat vor niemandem Angst und ist eigentlich ganz in Ordnung. Nur manchmal überkommt es ihn, und dann sammelt er die Leute um sich, die bei ihm im Viertel wohnen, und er zieht gegen den starken Uwe. Im Winter gibt es dann unglaubliche Schneeballschlachten und im Sommer Verfolgungsjagden bis hinunter an den Fluss ins westliche Gebiet der Streber. Die Streber haben allerdings keinen Hauptmann und verteidigen auch nicht ihr Gebiet.

Bernhard und mir macht so etwas ebenfalls keinen Spaß. Wir haben schon einmal beim krassen Bernd mitgemacht, doch dabei ist meine Brille zerbrochen. Ich stand blind in der Gegend und bekam einen Schneeball nach dem anderen ab. Bernhard macht nicht mit, weil er mal Polizist werden will. Schlägereien gehen deshalb gar nicht, sagt er.

Das Viertel um die Kirche und die Schule herum jenseits des Flusses gehört niemandem. Es wohnen dort zu wenige Leute von uns.

Inzwischen habe ich herausbekommen, dass Silvie und ich fast Nachbarn sind. Wir leben an der Grenze zum Niemandsland. Sie jenseits und ich diesseits des Bahnhofs.

Auf dem Weg zur Schule kommt Silvie auf der gegenüber liegenden Straßenseite an unserer Bäckerei vorbei. Sie schaut herüber, doch ich glaube nicht, dass sie weiß, dass ich hier wohne.

In den Tagen nach Silvies Ankunft erfahren wir das eine und andere über sie. Ihre Eltern sind erst kürzlich mit ihr hier in unseren Ort gezogen. Sie haben die Kneipe jenseits der Bahnlinie übernommen. „Eine echte Spelunke", sagte mein Onkel, nachdem er einmal darin war. Silvies Mutter sei genauso braun wie Silvie, erzählt meine Oma, obwohl sie sie noch nicht gesehen hat. Sie stamme aus einem anderen Land, das so weit im Südosten liegt, dass nur Hartmann, unser Dorfpolizist, schon einmal dort gewesen ist. Von ihr hat Silvie Rumänisch sprechen gelernt, von ihrem Vater Deutsch. Sie spricht also zwei Sprachen, was wir echt stark finden. Wir sind ohnehin ziemlich platt, wie schlau sie auch sonst so zu sein scheint. Wenn ein Lehrer etwas fragt, weiß sie immer eine Antwort. Egal, ob in Rechnen oder Deutsch. Immer.
Viele unserer Mitschüler sind allerdings verdammt neidisch auf sie und lassen kein gutes Haar an ihr. Sie sprechen schlecht über sie und erfinden Geschichten, die nicht stimmen: in Wirklichkeit habe sie die Spinne verschluckt, kürzlich auf dem Schulhof. Da, wo sie herkäme, gäbe es Vampire. Man müsse sich vor ihr vorsehen, denn sie verwandle sich nachts in einen dieser Blutsauger. Sie könne im Finsteren nicht gesehen werden, weil ihre Haut und ihre Haare fast schwarz seien. Und andere fiese Dinge.

Silvie scheint sich nichts daraus zu machen. Sie lässt sich weder anmerken, ob sie sich über die üblen Nachreden ärgert, noch zeigt sie Furcht, wenn eine Horde Mädchen hinter ihr herläuft und kreischt, da ginge die blöde Silvie, da liefe die schwarze Spinne!

Bernhard und ich machen bei dem Unfug nicht mit. Aber wir können leider nur dafür sorgen, dass wenigstens die Strebergruppe auch nicht mitmacht.

Wir haben bislang einfach keinen Kontakt zu Silvie bekommen und wissen nicht, wie wir es anstellen sollen, mal mit ihr zu sprechen. Sie ist auch uns gegenüber so fern, dass es einfach nicht klappen will.

Heute aber fasse ich mir ein Herz und warte auf sie vor unserem Haus. Bernhard holt mich oft ab und ist bereits da. Wir fragen sie, ob wir zu dritt gehen wollen. Sie nickt und sagt: „Von mir aus."

Wenn der Tag so anfängt, kann er eigentlich nur noch gut werden. Denke ich so bei mir.

Aber vielleicht habe ich mich zu früh gefreut.

Silvie ist ausgerechnet heute total gereizt und sauer. Ausgerechnet heute sagt sie keinen Ton und läuft bald voraus. Bernhard und ich schauen uns an und zucken mit den Schultern. Mir macht das nichts aus. Sie wird ihren Grund haben. Ich habe aber gewagt, sie anzusprechen, und sie hat so etwas wie ‚ok' gesagt. Es wird mir in Zukunft sicher leichter fallen, wieder Kontakt mit ihr aufzunehmen.

In der vierten Stunde ist wieder der Schreibunterricht bei Herrn Linke. Er kontrolliert, ob wir unsere Hausaufgaben gemacht haben, und entdeckt, dass Silvie ihre nicht dabei hat. Silvie kennt die Strafe noch nicht und weil sie sauschlecht drauf ist, sieht sie Herrn Linke geringschätzig an. Mann, oh, Mann.

Der Lehrer grinst breit und hebt seinen Rohrstock empor, ruckt mit seinem Kinn in Richtung Silvie und faucht: „Die Hand!"

Wir haben früher schon an uns selbst erfahren, was jetzt kommt: man muss ihm die Handinnenseite hinhalten und er wird mit dem Rohrstock darauf schlagen. Das tut so weh, dass einem die Tränen aus den Augen schießen, ob man will oder nicht. Nicht mal der starke Uwe kann das unterdrücken, obwohl er der Stärkste in der Klasse ist.

Silvie hält ihm trotzig die Hand hin und beißt sich auf die Zähne. Ihr Blick fordert den Lehrer heraus und er holt noch weiter aus. Alle in der Klasse starren auf Silvie. Die einen freuen sich diebisch, dass sie jetzt die verdiente Abreibung bekommt, die anderen sind mitleidig, weil sie wissen, wie schmerzhaft es für sie sein wird.

Ich aber halte es nicht mehr aus. Ohne zu überlegen, schreie ich durch den Klassenraum: „Lassen Sie das! Das tut ihr weh!"

Seine kalten Augen richten sich auf mich und er zischt: „Ach ja?" Er taxiert mich mit hochgezogenen Augenbrauen und überlegt ein Weilchen.

„Der Schmerz, du Held, soll euch helfen, zwischen richtig und falsch zu unterscheiden." Er macht wieder eine Pause, senkt aber den Stock und kommt drohend auf mich zu.

„Die Hand!"

Nun bin ich es, der die Hand aufhält, um die Strafe zu empfangen. Doch in mir steigt aus Angst um Silvie eine solche Wut auf, dass ich glutrot werde und nicht mehr überlegen kann. Als der Stock herab saust, schäumt diese Wut über. Der Stock trifft meine Hand, doch ich spüre es nicht. Ich sehe hinunter und beobachte, wie sie sich in dem Augenblick, als die Haut aufreißt, fest um den Bambus schließt und dem Lehrer den Stock mit einem Ruck entwindet. Im nächsten Augenblick sehe ich zweierlei: das Verblüffen in den Augen des Lehrers und dass ich den Stock über der Kante des Tisches zerbreche.

„Das tut ihr weh!" schreie ich erneut und nochmal und nochmal.

Ich werfe die Teile des Stockes durch den Raum, höre das Schrillen der Pausenglocke und renne hinaus.

Auf dem Schulhof bleibe ich stehen und schöpfe Atem, tief Atem, ganz tief Atem. Der Schmerz in meiner Hand lässt die Tränen in mir aufsteigen. Ich kämpfe dagegen an, so stark ich nur kann. Kaum kann ich es noch halten, tritt Silvie zu mir und auch Bernhard. Silvie sagt nichts, sondern schaut mich nur an. Sie öffnet meine schmerzende Hand und spuckt hinein. Sie schließt sie wieder. Ob Du es glaubst oder nicht: das hilft tatsächlich. Sie schaut und schaut. Sie ist so ernst und trotzig und wütend. Ihre Augen scheinen Funken zu sprühen. Sie ist in diesem Augenblick so sauwild. Sie ist meinetwegen so sauwild. Sie ist meine wilde Silvie.

Bernhard legt mir die Hand auf die Schulter. Andere Mitschüler kommen und umringen uns. Auch sie schauen nur. Keiner lacht, keiner sagt ein Wort. So stehen alle um mich und die wilde Silvie herum.

Wir müssen wieder in den Unterricht.

Die Nachricht von meiner Tat verbreitet sich wie ein Lauffeuer durch die Schule. Als Silvie und ich nach dem Unterricht gemeinsam nach Hause gehen wollen, verfolgt uns ein Rudel Schüler und kreischt: „Die Brillenschlange liebt die schwarze Spinne!" Das wiederholen sie ein ums andere Mal.

Wir drehen ihnen den Rücken zu und wollen unter dem Geschrei der Meute gerade vom Schulhof gehen, als Silvie sich umwendet, auf die Horde zu rennt und schreit: „Lasst ihn in Ruhe! Er ist keine Brillenschlange! Und er ist mutiger als ihr alle zusammen! Nehmt euch in Acht! Wir sind Freunde!"

Zwar weicht die Schar vor Silvie überrascht zurück, doch wird ihre Warnung von unglaublichem Gejohle beantwortet, weil es eine Bestätigung der Vermutung aller ist. Doch ich bin unheimlich beeindruckt von der wilden Silvie. Ich bin zudem so glücklich, dass ich keine Luft mehr hole, das kann ich Dir sagen. Tausend Ratten am Angelhaken: sie schreit heraus, dass ich ihr Freund bin. Was soll mir da noch passieren?

Wir gehen gemeinsam vom Schulhof und lächeln uns an. Junge, Junge, ich werde das im ganzen Leben nicht vergessen.

Du, jetzt stell Dir vor: gerade in diesem Moment sehen wir, dass das Neele gehänselt wird von den Knöll-Zwillingen. Die foppen und drangsalieren sie und rufen, sie sei fett und dumm. Sie stoßen sie hin und her. Die absolut nervtötenden Knöll-Zwillinge zwicken sie in den Hintern, und sie beginnt zu weinen.

Silvie und ich schauen zu den dreien, dann sehen wir uns an: sind uns die Zwillinge gerade jetzt geschickt, wo wir doch gemeinsam die Stärksten der Welt sein werden, nur um das beweisen zu können?

Was ist heute für ein Tag!
Er konnte nicht schlecht werden!

Wir gehen schnurstracks auf die Knöll-Zwillinge zu und - unsere miesen Klassenkameraden werden Zeugen - fegen sie nur so von dem Neele weg, stoßen beide Zwillinge mühelos in den Schulbach, in dem sie, zum Gelächter aller, schreiend und Drohungen ausstoßend liegen bleiben.

Wir aber geben dem Neele Geleit bis nach Hause und verabschieden uns wenig später vor unserer Bäckerei mit siegesbewusstem Blick.

Ich schwöre: so etwas habe ich noch nie erlebt.

„Kommst du mit Bernhard und mir zum Angeln, Silvie?"

Rosa, rot, puterrot.

Sie lächelt: „Vielleicht…"

Donnerwetter

Donner grummelt leise, wenn er noch fern ist. Weit entfernt.

Der Tag heute ist schwül und heiß, obwohl der Sommer noch jung ist. Die Sonne steht noch hoch, aber schon im Westen. Wir schauen heute nach Westen. Bernhard, Silvie und ich.

Das Wasser vor uns ist glatt wie ein Spiegel und glänzt. Man muss die Augen fast ganz zukneifen, muss blinzeln, wenn man den Schwimmer aus Kork im Blick behalten möchte. Wenn der Fisch anbeißt, wird der Schwimmer rucken und zucken, sich heben, senken und vielleicht sogar verschwinden. Wir müssen auf der Hut sein. Jede Sekunde zählt beim Angeln. Es ist das Spannendste, was es überhaupt gibt.

Wir heben eine Hand zum Schutz über die Augen und versuchen, den Horizont zu sehen. Man kann das gegenüber liegende Ufer des Kiesteiches erkennen, südwestlich das Dorf. Über den Dächern des Dorfes steigt ein tief schwarzer Streifen herauf. Wolkenmassen, die in den blauen Himmel über uns drängen und alles verdunkeln wollen. Das ist das Gewitter, aus dem der Donner jetzt schon viel deutlicher vernehmbar grollt.

Unsere Köpfe recken sich in den Himmel. Die Sonne strahlt. Nur wenige weiße Wölkchen sind schon über uns. Wir haben noch Zeit. Unsere Blicke treffen sich und unsere Augenbrauen sind fragend. Wir ha-

26

ben doch noch Zeit?

Gerade jetzt, bevor das Gewitter losbricht und der bald aufkommende, erfrischende Regen die glatte Wasseroberfläche mit winzigen Ringen überziehen wird, beißen die Fische.

Bernhard sagt: „Das wird ein übles Gewitter! Lasst uns verschwinden. Wir müssen zuhause sein, bevor es über uns hereinbricht!" Die Wölkchen über uns sind wie hingetupft. Immer neue werden schnell dazu getupft.

„Ich bleibe hier", rufe ich zurück. „Die Fische beißen jetzt am besten!"

Silvie nickt. „Wir bleiben!"

„Ihr spinnt ja wohl!" ruft Bernhard und beginnt, seine Angelschnur einzuholen. Ich hole meine Angelschnur nicht ein, sondern schaue zu Silvie hinüber.

Mädchen haben eigentlich keine Ahnung von Fischen, Haken, Weidenruten, Schnur oder Ködern. Aber mit der wilden Silvie ist es anders. Die quatscht auch nicht viel und ist so wie wir.

Sie schaut jetzt zwischen Bernhard und mir hin und her.

„Ich habe keine Angst vor Gewitter. Du?"

„Ich haue ab", sagt Bernhard und wirft seine Weidenrute ins Gebüsch, steckt Faden und Haken ein. Die Ruten sind schnell geschnitten, aber den Haken zu biegen ist schwer. Den richtigen Faden zu bekommen oft noch schwerer.

Dann schlägt er sich in die Büsche. Man hört ihn

aufs Fahrrad springen und davon fahren. ‚Er radelt dem Gewitter entgegen‘, denke ich noch.

„Blödmann." Silvie schaut ihm immer noch hinterher, obwohl man ihn längst nicht mehr sehen kann.

Außer nach der Schule auf der Straße war ich noch nie mit Silvie allein und bin deswegen aufgeregter, als wegen des aufziehenden Gewitters. Also setze ich mich und blinzele wieder hinüber zu dem kleinen Korken, den wir in die Schnur geknotet haben. Unter dem Schwimmer hängt der Haken. Silvie hockt sich dicht neben mich, und ich spüre sie an meiner Seite. Ich spüre sie so stark, dass ich fast zur Seite kippe. Ich wage nicht, meine Augen vom Schwimmer zu nehmen. Ich wage nicht, mich zu rühren.

In jedem Augenblick kann ein Fisch anbeißen. Dann muss man bereit sein. Der Fisch versucht, mit dem Köder zu entkommen. Doch wenn man die richtige Schnur ausgewählt hat, und wenn man die richtige Rute geschnitten hat, kämpft man mit ihm, bis man ihn hat. Dann...

Na gut, ich gebe zu, wir haben noch nie einen gefangen.

Aber heute ist das Wetter super und der Köder auch. Silvie hat einen fetten Tauwurm mitgebracht, den sie unter einem umgedrehten Blumentopf gefunden hat. Wir hätten da gar nicht gesucht. Aber sie hat ihn dort gefunden. Es war schwer, ihn an den Haken zu binden, so geschlängelt hat der sich. Silvie fand ihn kein bisschen eklig. Die ist manchmal echt wie ein Junge. Nur noch anders. So, wie sie manchmal guckt. Du weißt es schon: wenn sie manchmal so guckt, werde ich rot bis zu den Ohren. „Ist die Sonne", sage ich jetzt, als sie es bemerkt. Wenn sie lächelt, vergesse ich kurz, wo ich bin. Ich hole tief Luft und - bin wieder am Kiesteich.

Wir sitzen, ohne zu reden, ohne uns zu bewegen.

„Sieh nur! Ein Seeadler!" Silvie hat den großen Vogel entdeckt, der über uns kreist. Ich blinzele zu ihm hinauf und spüre, dass er uns mit seinen Adleraugen beobachtet. ‚Pass nur vor dem Gewitter auf, mein Freund' denke ich und hoffe, dass er mich hört.

Das Grollen wird lauter, die Wolken nehmen immer noch zu und werden dunkler. Die Wasseroberfläche kräuselt sich hier und da vorsichtig, wird aber immer wieder glatt gezogen. Der schwarze Streifen am Horizont ist schon zwei Hände breit und hat bald die Sonne erreicht.

Mir wird mulmig und ich überlege, ob ich Silvie vorschlagen soll, auch nach Hause zu fahren. Ich habe aber nicht den Mut dazu, weil ich fürchte, dass sie mich auslacht. Als ich mich zu ihr wende und sie anschaue, weiß ich, dass sie das nie machen würde.

Ob Du Dir das vorstellen kannst oder nicht: Silvie schaut in meine Augen und ich schaue in ihre und wir halten das aus. Wir grinsen nicht, schauen nicht weg, sondern wissen plötzlich, dass wir das Gewitter gemeinsam erleben werden. So richtig gemeinsam.

Weißt Du, was ich meine? Du kannst auf einen Baum klettern und die Spitze erreichen. Die Spitze schwankt und Du beißt Dir fast auf die Zunge vor Anspannung. Mit aller Kraft klammerst Du Dich fest und schaust umher: Du siehst bis zum Gebirge hin, Mann, bis zum Gebirge. Doch wer würde hören, wie dein Herz klopft, wenn Silvie nicht da wäre? Sie klammert sich von der anderen Seite an den Baum und sieht ebenfalls zum Gebirge hinüber. Glücklich schauen wir uns an und verstehen uns. Dort oben im Baum. Hier unten am Wasser.

Jetzt verdunkelt der schwarze Streifen schon fast die Sonne. Sie wehrt sich: goldenes Licht überstrahlt die Schwärze, färbt die Bäume hinter uns in glimmendes, an manchen Stellen gleißendes Gelb.

„Sieh nur!" Silvie deutet auf die Bäume und wir versinken in ihren Grüntönen. Ich dachte immer, ich allein würde das so sehen. Aber sie sieht es auch! Ich schaue sie an und sie schaut mich an. Wir sehen alles gemeinsam. Es ist wunderschön, dass so etwas geht.

Gemeinsam hören wir einen Ohren betäubenden Knall: mit voller Wucht werden wir in die Gegenwart geschleudert. Ein Blitz, der so hell und mächtig ist, dass wir erschreckt aufspringen, macht uns klar, dass das Gewitter die Mitte des Kiesteiches erreicht hat.

„Lass die Ruten im Wasser und fasse sie nicht mehr an!" rufe ich Silvie zu. Denn das ist gefährlich. Wir wissen das beide, weil wir eigentlich alles wissen, was wir beim Angeln brauchen. Ich habe mir nur kurz Sorgen um Silvie gemacht und gefürchtet, sie könne die Ruten herausholen wollen. Wenn der Blitz in die Wasseroberfläche einschlägt, breitet er sich bis an die Ufer aus. Er fährt durch die Ruten in Dich hinein und macht ein Grillhähnchen aus Dir. Versprochen.

Silvie und ich drehen sich gleichzeitig um und rennen vom Ufer zur Böschung. Dort werfen wir uns auf den Bauch und blicken wieder auf den Teich.

Der Himmel ist mittlerweile tief schwarz, und helle Lichtblitze zucken in der dichten Wolkenschicht. „Wetterleuchten!" ruft Silvie. „Ist ungefährlich."

Trotzdem suchen sich unsere Hände und finden sich. Es ist ein unbeschreibliches Gefühl, ihre Hand in meiner zu spüren: wir werden dadurch zu einem einzigen Betrachter! Wir sehen alles gemeinsam und haben tatsächlich keine Angst. Was für ein Gefühl! Ich fasse vor Glück ihre Hand so fest, dass sie „Aua!" sagt. Sie zieht sie aber nicht weg, sondern lächelt mir zu.

Unser Blick streift über den Teich, wir schauen zum Himmel auf, wir beobachten das Gewitter.

„Meinst du, wir sind hier sicher?" fragt Silvie und schaut sich nach hinten um. Wir liegen in hohem Gebüsch, das das Ufer bewächst. Meine Augen finden keinen höheren Baum in der Nähe, der den Blitz anziehen könnte. Wieder zuckt ein gelber Blitz. Wir wollen zählen, wie lange es bis zum Donner braucht: „Einundzwanzig, zweiundzwanzig..." Ruuummms.

Nur noch sechshundert Meter trennen uns vom Gewitter. Klar, wir sehen ja, dass die Blitze schon fast über uns entstehen und vor uns herunterkommen. Wir beginnen immer mit ‚einundzwanzig', weil man eine Sekunde braucht, um das Wort auszusprechen. Der Donner braucht für einen Kilometer Entfernung nur drei Sekunden. Hier braucht man nicht mehr zu zählen. Es ist gleich über uns. „Wir müssen uns hinhokken, Silvie! Füße aneinander, so dass sich die Sohlen der Sandalen berühren. Und wir müssen unsere Hände loslassen."

„Warum das?"

„Es ist direkt über uns! Wenn ein Blitz um uns herum einschlägt, läuft er durch uns hindurch, wenn die Füße sich nicht berühren oder wir eine Brücke bilden! Das Schlimmste ist, dass es ein trockenes Gewitter zu werden scheint…"

„Keine Sorge! Schau aufs Wasser!"

Obwohl wir dicht aneinander kauern, muss Silvie fast schreien. Das Inferno ist richtig in Fahrt gekommen. Ein Blitz jagt den nächsten, und jedes Krachen, Grollen und Rumsen versucht, das vorangegangene zu übertönen. Mein Blick folgt Silvies Hand, die auf die Wasseroberfläche weist. Der Teich ist eigentlich ein ziemlich großer See. Man kann am gegenüber liegenden Ufer keine Einzelheiten erkennen. Doch in diesem Augenblick sieht man, wie die Bäume durch eine unsichtbare Hand bewegt werden und sich unvermittelt in unsere Richtung neigen. Der aufkommende Wind erreicht uns wenige Momente später, und in seinem Gepäck bringt er Regen mit.

Die glatte Oberfläche des Sees wird erst von wenigen Tropfen getroffen, rasch kommen viele hinzu und erzeugen Kreise, die winzige Wellen in alle Richtungen ausbreiten. Der Wasserspiegel kräuselt sich jetzt überall, höhere Wellen entstehen. War er eben noch so fern, sehen wir den Regen jetzt mit dem Wind unser Ufer erreichen und – uns! Nur einen Moment später glauben wir, in einer Dusche zu hocken.

Wir schauen uns an, und beide sehen wir, dass unsere Augen aufgeregt aufgerissen sind. Blitze, Donner, aufkommender Sturm und nun Regen, der uns schnell durchweicht! Wir können nicht mehr an uns halten, legen den Kopf in den Nacken und schreien so laut wir können hinaus: „Juuuchhuuu!"

Während wir noch zum Himmel hinauf kreischen, dass er uns keine Angst machen kann, während wir die Arme zum Himmel recken und unsere Gesichter nassregnen lassen, mischt sich ein Geräusch in unsere Rufe, das uns gemeinsam zum Schweigen bringt. Ein Quieken, leises Jaulen, jetzt ein Fiepen. Wir blicken uns um und sehen, woher das ängstliche Gewimmer kommt. Nur wenige Meter von uns entfernt liegt ein völlig verdreckter, vielleicht vormals weißer Hund auf dem Bauch, hat seinen Kopf auf die Vorderpfoten geduckt. Seinen Schwanz hat er, wenn er überhaupt einen hat, zwischen die Hinterbeine geklemmt. Seine

Ohren hängen neben seinen Augen, die uns voller Furcht anschauen. Zentimeter um Zentimeter robbt er sich an uns heran. Wir rücken etwas auseinander und lassen ihn zwischen uns. Dort bleibt er liegen und jault leise, während sich das Gewitter schon langsam Richtung Osten entfernt. Ich lege dem Hund meine Hand auf den Rücken und Silvie legt ihre auf meine. Ich spüre sein Herz schlagen und Silvie sagt: „Ich spüre seinen Herzschlag auch."

Der Regen nimmt jetzt unsere Aufmerksamkeit ein. Je weniger der Donner grollt, umso deutlicher wird sein Rauschen. Wir sind natürlich längst klatschnass. Aber es ist ein schönes Gefühl, weil die Luft noch immer warm ist. Der Boden, der tagelange trocken und heiß gewesen war, duftet unbeschreiblich gut.

„Hey, du stinkst!" rümpft Silvie ihre Nase dagegen über dem Hund, der jetzt nur noch am Bauch voller Schlamm ist. Sein Fell auf dem Rücken ist schwarz und weiß. Sein Kopf ist schwarz. „Wie heißt du?" fragt ihn Silvie, während sie ihn zwischen den Ohren krault. „Nennen wir ihn ‚Hacki der Hund'?" „Ja, guter Name", bestätige ich ihr seinen Namen.

Hacki der Hund ist dankbar; er leckt Silvies Hand und meine auch. Auf der Innenseite kitzelt das lustig.

Erst als das Donnern leiser wird, nur noch ein Grummeln ist, als der Regen aufhört und sich der Wind beruhigt, steht Hacki der Hund auf und schüttelt sich so kräftig, dass er uns mit Tropfen und Schlammstückchen vollspritzt. „Bäh! Wutz! Ist das der Dank?" lachen wir zu ihm hinunter. „Was machen wir mit ihm?" „Er wird sicher bald wieder weglaufen. Dahin, woher er gekommen ist." „Schade. Er passt zu uns, nicht wahr?" „Bisschen ängstlich und kann nicht klettern…" „Witzig…"

Wir holen die Haken und Schnüre unserer Angeln aus dem Wasser. Hat heute kein Fisch angebissen. Naja, war ja auch ein bewegter Tag, und ich kann keinem Fisch verübeln, bei einem solchen Gewitter an Essen zuletzt zu denken.

„Es wird bald dunkel. Lass uns nach Hause fahren. Außerdem knurrt mir der Magen. Was meinst du?" frage ich Silvie. Die ist schon auf dem Weg zum Fahrrad, schwingt sich auf den Sattel – versteht sich, dass sie ein Jungenfahrrad hat – und wartet auf mich. „Hacki, was ist mit dir?" ruft sie zurück.

Hacki der Hund steht unschlüssig, hat die Ohren nach vorn aufgestellt, das Maul geschlossen und seinen Schwanz hoch aufgerichtet. Er bellt kurz. So gut kennen wir ihn noch nicht, dass wir wüssten, was er uns sagen will. Er bellt noch einmal. Ein drittes Mal.

„Los, lass uns fahren", nicke ich Silvie zu. „Du kannst ein Stück mitkommen, Hacki. Wenn du magst!" Ich schwinge mich auch aufs Fahrrad und wir radeln los. Schon nach wenigen Metern hören wir, dass Hacki losrennt und uns folgt.

Die Heimfahrt ist ziemlich lang. Wir genießen die frische Luft. Die Reifen zerschneiden eine Pfütze nach der anderen, und wir freuen uns daran, dass das

Wasser nach rechts und links davon spritzt.

Noch vor dem Bahnhof erreichen wir das Gasthaus, in dem Silvie mit ihren Eltern lebt. „Werden deine Eltern schimpfen?" frage ich meine Freundin.

„Ich glaube nicht, dass sie bemerkt haben, dass ich weg war. Die Kneipe ist schon geöffnet und beide arbeiten bereits. Mach dir keine Sorgen." Sie will mit dem Rad hinter dem Haus verschwinden.

„Silvie! Silvie!" Fast hätte ich sie einfach so gehen lassen, ich Hornochse. „Kommst du morgen vorbei?" „Vielleicht..."

Hacki der Hund und ich bleiben zurück und schauen ihr nach. Sie fehlt mir jetzt schon.

Ich wende mein Rad zum Bahnhof hin und schicke mich an, weiter zu fahren. Hacki der Hund legt seinen Kopf schräg und wartet, dass ich etwas sage. „Das gibt Ärger. Ein enormes Donnerwetter, Hacki, wenn ich dich mitbringe. Aber ohne dich auch. Also komm ruhig mit; wir können ja mal vorsichtig anfragen."

Tja, zu meiner Verwunderung ist das Donnerwetter nicht dramatisch. Alle sind eigentlich sogar froh, mich wohlbehalten wiederzusehen und loben, dass ich nicht bei Gewitter Fahrrad gefahren bin. Hoffentlich hält Bernhard dicht. Von Silvie sage ich nichts.

Großmutter ist noch dabei, ihren Koffer wieder zu verstauen. Auf dem sitzt sie immer bei Gewitter in der Mitte des Wohnzimmers und betet einen ganzen Rosenkranz Ave-Maria. Scheint zu helfen: es hat tatsächlich noch nie ein Blitz in unser Haus eingeschlagen. Was sie im Koffer hat, wissen wir nicht wirklich. „Nur wichtige Dinge", sagt sie immer.

Meine Mutter weiß nicht so recht, was sie zu Hacki sagen soll, deshalb wäscht sie ihn in unserer Dusche einfach, bis er fast ganz weiß leuchtet. Er schüttelt sich und will sofort das Bein heben. „Raus mit ihm!" ruft meine Mutter geistesgegenwärtig, aber nicht unfreundlich. „Er kann erst mal im Schweinestall übernachten." Mein Vater schaut etwas misstrauisch, ob das wohl gutgeht, äußert sich aber nicht ablehnend. Willkommen, Hacki.

Und Silvie? Warum sind die Mädchen so und sagen immer nur ‚vielleicht'? Kann mir das einer mal erklären?

Vielleicht! Da sitzt man dann ganze Nachmittage lang auf heißen Kohlen, kann sich nicht auf die Hausarbeiten konzentrieren und schaut dauernd hinunter auf die Straße. Man beginnt fast, Vater-unser zu beten! Naja, zumindest hat mir das Oma geraten. Das würde helfen.

Sie kommt aber nicht. Hol mich der Hakelmann. Sie kommt nicht. Vater-unser hin oder her.

Onkel Benno

Weil heute Donnerstag ist und der Kuckuck im Wohnzimmer über dem Ölofen fünf Mal kuckuckt, gehe ich zu Onkel Benno. Onkel Benno heißt eigentlich anders. Er ist auch gar nicht mein richtiger Onkel, aber ein Nachbar, den wir alle so nennen. Onkel Benno eben. Er ist so alt, wie kein Schwein wird, sagt Vater manchmal, so ungefähr einhundert Jahre.

Ich habe zwar manchmal null Bock, Onkel Benno zu besuchen, aber es muss sein, weil Donnerstag ist. Wenn ich ihn nämlich nicht um fünf Uhr besuche, muss ich stattdessen in die Kirche. Mann, das ist mal eine leichte Wahl! Ich fühle meine Knie, die schon Dellen vom Knien in der Kirche haben, und entscheide mich sofort für Onkel Benno.

Onkel Benno fragt, wie jeden Donnerstag: „Und? Was willst du mal werden?" Er weiß schon, dass ich ‚Förster' antworten werde. „Silvies Freund", antworte ich aber heute, um ihn zu überraschen.

„Beim Schutzengel meiner Schwester", sagt er, „Was ist in dich gefahren? Lass die Finger von den Mädchen. Das ist ein schwieriges Geschäft!"

Seine Schwester war Nonne, bevor sie in den Himmel auffuhr. Sagt Onkel Benno immer.

„Hol mir meine Zigarre!"

Jetzt weißt Du schon, was schrecklich ist an Onkel Benno: er raucht dicke Zigarren. Ich muss sie ihm immer aus der Küche holen. Dort hat er eine ganze

Holzkiste voll davon.

„Havanna", sagt er und zieht sie schnüffelnd unter seiner Nase entlang. Das weiß ich schon lange. Aber jede Woche erzählt er es mir wieder.

„Habe ich schon mal erzählt, dass ich auf dem Schiff von Käpt'n Ahab anheuern wollte? Seinerzeit, als der auf den weißen Wal aus war..." fängt Onkel Benno wie immer an. Bitte nicht. Ich kenne alle seine Abenteuergeschichten schon auswendig und glaube nicht, dass er überhaupt jemals eine selbst erlebt hat. Er hat wahrscheinlich alles aus Büchern.

Ich unterbreche ihn.

„Onkel Benno! Darf ich eine Frage stellen?"

„Nu?"

„Den ganzen Tag muss ich an Silvie denken und nur wenn ich bei ihr bin, fühle ich mich – ganz."

„Ganz?"

„Ja, wenn ich nicht bei ihr bin, fehlt sie mir, als wäre sie ein Stück von mir."

„Pech und Schwefel. Und das in deinem Alter? Hol mich meine Schwester, wenn das nicht ungewöhnlich ist." Er mustert mich mit seinen traurigen Augen, die in tiefen Höhlen eines kahlen Schädels liegen. Tief saugt er an seiner Zigarre und nebelt sich mit dem ausgeatmeten Rauch so stark ein, dass die Wolke zu mir herüber dringt und ich husten muss.

Wir sitzen uns stets in Ohrensesseln gegenüber. Die Sessel stehen an den Fenstern zur Straßenseite hinaus. Wir können jedes Auto dort unten vorüberfahren sehen, jeden Fußgänger beobachten. Wir sitzen dort, wenn die Linden Blüten tragen und duften, wenn der Schatten der grünen Blätter allen Passanten willkommen ist, wenn die Blätter sich verfärben und abfallen und auch, wenn der Schnee die Fahrbahnen unpassierbar macht. Dann gehen die Fußgänger auf der Straße, viele ziehen Schlitten. Um sie dann sehen zu können, müssen wir die Fensterscheiben anhauchen, weil so viele Eisblumen auf ihnen blühen.

„Habe ich dir schon erzählt, wie die Mädchen und Jungen getrennt wurden? Vielleicht ist es genau der richtige Augenblick, um das heute zu erzählen."

„Nein." Tatsächlich eine neue Geschichte.

„Vor langer Zeit, wirklich vor so langer Zeit, dass allenfalls die überlieferten Geschichten noch dahin zurück reichen, waren Mädchen und Junge, Frau und Mann miteinander von Natur aus verbunden. Im Paradies nämlich lebten die Mädchen in den Herzen der Jungen. Beide gehörten zusammen, sahen durch dieselben Augen, entschieden alles gemeinsam und waren ein unschlagbares Team. Dann aber begannen die Jungen und auch die Mädchen davon zu träumen, sich gegenseitig mit ihren eigenen Augen zu sehen. Sie wollten sich in die Arme nehmen und die Wärme des anderen spüren.

Eine vertrackte Situation, nicht wahr? Um beiden zu helfen, trennte sie Gott und schnitt das Mädchen aus der Rippe des Jungen und beide auf diese Weise entzwei.

Lies es in der Bibel nach! Da steht's geschrieben.

Doch was hatte er da getan! Er hatte den unbändigen Gedanken an die Freiheit, das Ungebundensein und die Unabhängigkeit jedes einzelnen Menschen entfesselt. Wie Magnete zogen sich Mädchen und Jungen nun unwiderstehlich an – aber stießen sich unvermeidlich auch voneinander ab.

Mit dem Paradies ging es auch bald zu Ende: Mädchen und Jungen wurden über die ganze Welt verteilt und verloren sich aus den Augen.

Seitdem, Jungchen, suchen sich die zusammengehörigen Hälften und fühlen sich unvollständig, solange sie sich nicht gefunden haben. Aber wenn sie sich gefunden haben, bleiben sie oft unsicher, weil sie glauben, sie könnten sich täuschen. Oder haben Angst, sie könnten ihre Freiheit einbüßen. Oder sie sind einfach schon einem anderen Menschen versprochen, für den sie Verantwortung übernommen haben."

Onkel Benno pafft mehrfach kurz hintereinander. „So ist das." Er bekräftigt seine Geschichte mit einem kräftigen Nicken.

„Du meinst, Silvie könnte meine verloren gegangene Hälfte sein?" frage ich Onkel Benno. Der nickt erneut wichtig und zieht dabei alles sagend die Augenbrauen hoch, bevor er wieder im Rauch verschwindet. „Und wenn sie Bernhards Hälfte ist?"

„Finde es heraus!"

„Wo ist deine zweite Hälfte?"

Onkel Benno schweigt lange, pafft und sagt dann leise: „Verloren, Jungchen, fest eingeschlossen in meinem Herzen zwar, aber verloren. Manchmal spüren die Hälften nicht den entscheidenden Moment, zu dem sie sich füreinander aussprechen müssen. Danach scheint es manchmal zu spät, wenn sie sich auch noch so viel Mühe geben, zusammen zu kommen. Meine zweite Hälfte und ich trafen sich, als wir jung waren und reisen wollten. Frei sein wollten wir, obgleich wir uns in unseren Augen als verlorene Hälften erkannten. Töricht, wieder auseinander zu gehen! Töricht! Verstehst du? Wir sahen uns an und wir spürten, dass wir uns erkannten, verstehst du? Verstehst du? Gingen auseinander damals! Verloren!" Seine Augen füllen sich mit Tränen und er hüllt sich in Rauchwolken.

Ich lege ihm beim Gehen die Hand auf seine Schulter. Er ist hundert Jahre alt und weint noch, denke ich bei mir. Ich dachte immer, man müsse im Leben lernen, das nicht zu tun. Aber das stimmt offenbar nicht.

Nur gut, dass mich Silvie erkennt und ich sie erkenne. Ist doch so?

Honigbrötchen

Dann ist sie da: am Samstag. Mutter ruft die Treppen hoch: „Du hast Besuch!" Ich weiß sofort, dass sie es ist und im gleichen Moment weiß ich, dass ich zu lange geschlafen habe und dass meine Klamotten unten in der Dusche hängen. Verdammt, wird das peinlich.

Mein Zimmer ist oben unter dem Dach unseres Hauses. Von hier oben muss man über zwei Treppen nach unten; so weit, so gut. Aber ganz unten muss man am Laden unserer Bäckerei vorbei. Der Flur, auf den die untere Treppe mündet, ist gleichzeitig über eine Eingangstür von der Straße her der Zugang zum Laden. Vom Flur aus kommt man links in den Verkaufsraum und geradeaus in unsere Küche. Unmöglich, oder?

Ich lauere also auf der Treppe auf den Moment, zu dem kein Kunde hereinkommt oder in meine Richtung blickt. Genau dann husche ich am Laden vorbei und rette mich in die Küche. Es ist wirklich immer voll peinlich, wenn man verschläft und im Schlafanzug am Laden vorbei zur Dusche muss. Im Laden sind meistens schon Kunden, die Brötchen kaufen wollen. Die sehen mich dann im Schlafanzug. Das geht gar nicht, oder? Deshalb stehe ich meistens schon früh auf. Heute aber nicht, wie gesagt. Vor allem bin ich total abgenervt, weil ich nicht weiß, wo Silvie auf mich wartet. Ich habe ausgerechnet den

Schlafanzug mit dem dämlichen Muster an, den mir Oma mal vor Jahren viel zu groß gekauft hat. Als ich noch klein war. Wenn Silvie das sieht, bin ich erledigt und sie bekommt Zweifel, dass ich ihre verlorene Hälfte bin. Pech und Schwefel, würde Onkel Benno sagen.

Bevor die Kunden gucken können, bin ich also von der Treppe in die Küche gehuscht. Keine Silvie. Gott sei Dank. Von der Küche geht es vorsichtig in das angrenzende Wohnzimmer. Ich luge langsam, langsam um die Ecke. Keine Silvie. Habe Glück. Ich renne durch das Wohnzimmer auf den kurzen Gang zu, hinter dem sich rechts die Backstube öffnet und links die Dusche befindet. Keine Silvie. Mann, das ist gut gegangen. Ich ziehe mich an, bin einfach nur gerettet.

Silvie wartet im Innenhof. „Du bist ja früh da, Silvie! Lassen dich deine Eltern so früh weg?" „Sie sind zum Großmarkt gefahren und haben mich gefragt, ob ich nicht etwas vorhätte. Mein Vater will immer nur, dass ich verschwinde und ihn in Ruhe lasse." Sie blickt traurig. „Und du? Ausgeschlafen? Wollen wir etwas zusammen machen?"

„Klar!" Ich bin schon wieder hin und weg. Silvie sieht sich im Innenhof um. „Ihr habt ja viele Gebäude! Und wie verschachtelt die sind!" Sie dreht sich einmal um sich selbst und streift mit ihrem Blick auf diese Weise Küche, Wohnzimmer, Backstube, Aufgang nach oben, Werkstattraum, Fahrradstall, Nachbarhaus. Ringsherum ist alles bebaut. Die Gebäude lassen nur eine kleine Lücke, einen Durchgang in den hinteren Teil des Grundstückes. Silvie äugt hindurch. „Was ist da hinten?" „Alles noch Bäckerei, Kohlenkeller, Vorratskeller, Schweinestall, Schuppen und Garten", beschreibe ich mit meiner Hand.

Wir haben eine Bäckerei in der Nähe des Bahnhofs. Es gibt noch andere Bäckereien im Dorf, aber unsere ist die schönste. Draußen an der Hauswand steht: ‚Ohne unser Teegebäck hat das Leben keinen Zweck.' Vater ist begeistert davon.

„Ich zeige dir nachher alles, wenn du magst." Silvie nickt, und ich nehme ihre Hand, drehe mich um und ziehe sie mit mir fort: „Komm, sieh dir an, wo Hacki der Hund jetzt wohnt." „Au, ja." Silvie folgt mir in die Küche.

Hacki wohnt im Wandschrank in der Küche. Wir klopfen an, öffnen die Tür und schauen zu, was passiert.

Als er aufwacht, öffnet er nicht die Augen zuerst, sondern hebt vorsichtig ein Ohr. Er peilt die Lage. Dann hebt sich das zweite Ohr. Erst danach öffnet er ein Auge, schaut herum und schnüffelt, ob er schon Oma beim Frühstück machen riecht.

Heute wittert er mich und Silvie. Er öffnet das zweite Auge. Er kommt langsam aus dem Wandschrank und blinzelt in die helle Sonne, die so früh schon ins Küchenfenster hereinscheint.

Hacki streckt sich: die Vorderbeine werden weit

nach vorne gestreckt und der Kopf darauf gelegt. Der Po bleibt oben, und der Schwanz wird so weit nach hinten gereckt, wie es nur geht. Er reißt das Maul auf und gähnt so stark, dass seine lange, rote Zunge nach vorn über die Zähne gleitet und die Augen zugekniffen werden. Nachdem er sich wieder aufgerichtet hat, schaut er umher und kläfft: Frühstück! Zack, zack!

Anstelle von Oma reichen wir ihm heute den Futternapf und stellen ihm etwas Leckeres hin. Er beugt sich über sein Fressen und schlingt alles, so schnell er kann, in sich hinein. Wir knien uns neben ihn hin und wollen ihn am Kopf tätscheln und ermuntern, ordentlich zuzufassen. Doch er knurrt uns an und lässt es sich nicht zweimal sagen. Er ist im Paradies, ohne Zweifel, aber teilen will er sein Fressen nicht. Vergessen ist die Zeit, als er noch unter Brücken schlafen musste, in Gebüschen Schutz vor Regen suchte oder der Magen so laut vor Hunger knurrte, dass er davon aufwachte.

Eines kann ich Dir mit Sicherheit sagen: Hacki fühlt sich pudelwohl bei uns. Obwohl er kein Pudel ist. Er ist vermutlich ein dachsgemoppelter Windhund, glauben wir. Man sieht deutlich, dass die Farben seines Fells von einem Dachs stammen könnten. Die Beine sind aber nicht so kurz. Sehr lang aber auch nicht. Länger als bei einem Mops; sagen wir, noch etwas länger. Vom Windhund hat er die schmale Schnauze. Oder vom Spitz. Die Ohren… Wissen wir auch nicht. Vielleicht vom Dackel. Jedenfalls wäre es spannend, Hackis Stammbaum zu betrachten, also zu erfahren, wer seine Eltern und Großeltern waren. Er hat alles Zeug zu einem echten Straßenhund, einem Dreh-die-Büchse-um, einem Pinkel-über-alle-Hunde-des-Dorfes.

Hacki hat schnell gelernt, nicht ins Haus zu pinkeln. Er hebt sein Bein nun draußen an jeder Hausekke. ‚Meins!' heißt das. Wehe, da kommt so ein hergelaufener Hund und pinkelt an seine Ecke! Sofort ist er da, schnüffelt, blickt herrschaftlich hierhin und dahin und pinkelt drüber. Ist ein harter Job, kannst Du mir glauben. Kommt ja dauernd ein anderer Köter vorbei in unserem Dorf. Was für ein Hund, unser Hacki! Ein stolzer Hund.

Die ersten Tage hat Hacki im Schweinestall geschlafen. Wegen der Pinkelei. Aber er hat das schnell geschnallt, dass wir alle unsere besonderen Orte dafür haben. Er hat sich entschlossen, das Spiel mitzuspielen: wenn er drinnen sauber bleibt, darf er im Wandschrank pennen. Ein Wandschrank ist doch voll cool: Tür auf, Hacki rein, etwas die Decken aufgekratzt, hin und her geschoben, dreimal im Kreis hinter dem eigenen Schwanz her und fallen lassen. Suuuper. Und schon schnarcht er. Es ist trocken darin und warm, keiner stört im Schlaf, man kann von allem träumen, was man als Hund so braucht im Leben: Knochen satt, feine Hundemädels und Mäusefangen.

Hacki kennt sich inzwischen bei uns zuhause aus: er weiß, welche Räume er betreten darf und welche nicht. Er achtet darauf, nichts falsch zu machen. Wer im Paradies leben will, muss auch die Regeln dafür einhalten. Sonst fliegt man raus. Hat gerade der Pastor in der Kirche gesagt und ich habe es Hacki erzählt.

Während wir Hacki den Hund noch streicheln, hören wir meinen Vater mit den Bäckergesellen in die Küche kommen. Es ist Frühstückszeit. Sie haben schon seit zwei Uhr nachts gearbeitet. Jetzt sind alle Brötchen, Brote und Kuchen gebacken, und es ist etwas Zeit für das Frühstück.

Silvie ist aufgesprungen und schaut zu mir herunter. Als mein Vater sie sieht, will er sie begrüßen und legt ihr zur Begrüßung die Hand auf die Schulter. Da durchfährt Silvie ein solcher Schreck, dass sie zur Seite springt. Als wäre sie zu heiß abgeduscht worden! Wir sind unsererseits erschrocken und schauen verdutzt zu ihr hinüber, die jetzt mit gesenktem Kopf am Fenster steht. Sie ist so rot wie eine Tomate geworden und wagt nicht, zu uns herüber zu blicken. Mein Vater lässt sich nichts anmerken und ruft ihr zu: „Komm, lass uns etwas essen! Frische Brötchen! Haut rein!" Er fügt hinzu: „Ich wollte dich nicht erschrecken; tut mir leid."

Die Bäckergesellen haben inzwischen Platz genommen und lärmen herum. Sie erzählen sich von heute Nacht, von zu viel Salz, etwas mehr Zucker oder der Hitze im Ofen, dem Dampf, den man braucht, damit die Kruste der Brötchen knusprig wird.

„Setz dich zu mir!" rufe ich Silvie zu. Endlich dreht sie sich zu uns um und hockt sich neben mich auf die Bank. Ihre Augen gehen in ein Strahlen über, als sie den Brötchenberg sieht.

„Na, junge Dame? Hast du auch einen Namen? Ah! Silvie! Gut, gut. Was möchtest du drauf haben? Marmelade? Leberwurst? Honig? Hier wird geschlemmt, dass die Schwarte kracht, Fräulein. Wer hungrig vom Tisch aufsteht, ist selber schuld." Eines muss man meinem Vater lassen: Gäste sind ihm das Wichtigste. Oft sind wir morgens nicht allein, oft isst einer mit. Man stellt immer einen Teller mehr auf den Tisch für den Überraschungsgast. Habe ich schon gelernt, als ich noch klein war.

Jetzt ist es Silvie, die es sich nicht zweimal sagen lässt: Brötchen mit Honig muss ihre Lieblingsspeise sein, so stopft sie sich eines nach dem anderen in den Mund. Wir staunen alle nicht schlecht. „Hast du zuhause noch nicht gefrühstückt?" fragt ein Geselle. Mit dicken, prallen Backen schüttelt Silvie den Kopf, ohne mit Kauen aufzuhören. „Schütt' ihr mal Milch nach! Die erstickt uns ja noch!"

Silvie isst, bis sie nicht mehr kann. Ich beobachte sie heimlich und weiß nicht recht, was ich sagen soll. Ich glaube, dass sie ein Geheimnis hat, über das sie nicht sprechen möchte.

Schließlich frage ich meinen Vater: „Darf ich mit

Silvie heizen?" „Dürft ihr. 35, hörst du? Mehr nicht! Müsst ihr erst hochholen. Aber bitte, Fräulein, pass auf, dass du dich nicht verbrennst, ja?" wendet er sich an Silvie. Die nickt nur und ist gespannt, was da auf sie zukommt.

Schweinerei

„Komm!" rufe ich Silvie zu. Wer gleichzeitig mit ihr aufspringt, ist Hacki der Hund. „Du darfst leider nicht mit, Hacki!" lache ich und bremse ihn. „Wir gehen in die Backstube."

In die Backstube darf Hacki natürlich nicht. Da haben Tiere keinen Zutritt, weil alles sauber bleiben muss. Wir müssen also ohne ihn in die Backstube gehen.

Silvie staunt nicht schlecht. Noch bevor wir in die eigentliche Backstube gelangen, betreten wir einen kleinen, schmalen Vorraum, in dem es richtig warm ist. In diesem engen Durchgang muss man an der Feueröffnung des Backofens vorbei. Die Hitze des Backofens spürt man durch die Kleidung hindurch und im Gesicht.

Der Backofen: ich wette, dass Dein Zimmer zuhause kleiner ist als unser Backofen. Man muss sechs Schritte machen, um an ihm vorbei zu kommen und die Backstube zu erreichen. Acht Schritte lang ist die Seite, an der die Ofenklappen angebracht sind. Durch sie werden Brot, Brötchen und Kuchen hineingeschoben, um gebacken zu werden. Seine Höhe ist fast bis unter die Decke des Raumes, doppelt so hoch wie wir groß sind. Ein mächtiger Ofen aus Stein, der nie auskühlen darf. Sonst haben wir kein warmes Wasser im Haus und müssen kalt duschen. Sonst kann man auch nichts backen.

Unsere Aufgabe ist es, vom schmalen Gang aus Kohlen ins Feuer zu werfen. Ich erkläre Silvie, dass man das Feuer genau beobachten muss, bevor man sich entscheidet, wie viele Kohlen man auf die Glut wirft. Man muss wissen, wie heiß der Ofen noch ist, man muss wissen, welche Hitze die Backwaren brauchen, die eingeschoben werden sollen. Dann muss man sich das Feuer anschauen.

Es gilt, die Farbe des Feuers genau zu betrachten: ist die Glut dunkelrot, so ist das Feuer schon recht kalt. Ist es gelb, so brennt es ordentlich und bildet flackernde Flammen. Doch ist es weiß und greifen die Flammen mit gierigen Fingern nach oben auf der Suche nach Brennbarem, dann sieh Dich verdammt vor. Dann ist es in Weißglut und nur Stein kann ihm standhalten.

35 Stück. „Wenn mein Vater 35 Kohlen vorgibt und das Feuer gelb ist", so vermute ich, „dann will er wohl noch einen Zuckerkuchen backen, bevor Feierabend ist."

Silvie sieht sich alles an und fragt: „Und was ist da drin?" Links neben der Ofenklappe ist eine große, schwarze, zweigeteilte Tür. Ich öffne sie und bedeute ihr, mit hinein zu kommen. „Das ist der Gärraum." Im Gärraum ist es wunderbar warm. Dort raschen die Brötchen, bevor sie in den Ofen kommen. Raschen? Ja, so heißt das. Obwohl sie sich viel Zeit dafür nehmen, groß und weich zu werden. Silvie schüttelt aber heftig den Kopf und will nicht mit in den Gärraum kommen. „Hier haben wir als Kinder immer in einer großen Schüssel gebadet..." erinnere ich mich.

Durch die Backstube hindurch, in der in diesem Augenblick niemand arbeitet, weil alle noch beim Frühstück sind, gehen wir Richtung Kohlenkeller. Ich zeige Silvie, von wo man Kohlen für den Backofen aus dem Keller holt. Da geht es eine dunkle Treppe hinunter, die ziemlich unheimlich ist. Mir spitzen sich immer die Ohren, weil ich fürchte, dass sich hinter der offenen Tür zum Kohlenkeller jemand versteckt hat. Aber mit Silvie zusammen spüre ich diese Angst nicht. Kaum zu glauben. Obwohl sie ihrerseits meine Hand nimmt und ich ihre Anspannung spüre, bis ich endlich das Licht im Kohlenkeller angeknipst habe. Sie hat Angst vor dem Dunkel, glaube ich.

Wir laden uns die Körbe so voll, dass wir sie gerade noch schleppen können. Wir schaffen es mit Mühe, alle 35 Kohlen einzupacken, gehen wieder nach oben und stellen sie vor den Backofen.

Zum Heizen muss man die heiße Ofenklappe des Backofens aufmachen, hinter der die Glut brennt. Man muss mutig sein, das sage ich Dir. Man prüft vorsichtig, wie heiß die Kette ist, die an der eisernen Tür hängt, muss eventuell Handschuhe anziehen, und zieht sie daran auf. Die Hitze kommt einem in einem heißen Schwall entgegen und die Haut wird schnell rot, so heiß ist es dort. Dann nimmt man Kohlen-Briketts in die Hand und wirft sie weit hinein in den Ofen. Ich schaffe manchmal vier Kohlen auf einmal.

Wenn ich alle vier bis hinten in die Glut treffe, bin ich unheimlich stolz, glaub´s mir.

Silvie schafft auf Anhieb auch vier; ich bin total stolz auf sie. Mein Vater schafft zwar sechs sogar mit links, aber er lobt Silvie trotzdem und mich auch.

Während Silvie die Kohlen in den Ofen wirft, betrachte ich sie und sehe, wie glücklich ihre Augen strahlen. Das ist sehr selten so, habe ich schon bemerkt. Es ist wunderbar, dass ihre Augen so strahlen, wenn wir etwas gemeinsam machen, hol mich der Hakelmann.

Auch die Gesellen sind wieder zurück und räumen auf. Vater schiebt noch einen Zuckerkuchen ein, dann ist fast Feierabend. Samstags wird sauber gemacht. Mit einem Schlauch wird der Fussboden abgespritzt und geschrubbt. Da sollten wir schnell verschwinden, bevor wir eingespannt werden…

„Hey, ihr zwei! Denkt dran, dass heute Samstag ist! Die Schweine wollen neues Stroh! Am besten, ihr macht euch gleich daran. Zu zweit geht es doppelt so schnell!" Erwischt.

„Hast du Lust?" frage ich Silvie. „Schweine? Was gibt es hier noch alles?" Sie schaut eher neugierig als genervt. Mädchen sind wahrscheinlich ziemlich leicht abgeschreckt, wenn es ans Schweinemisten geht, glaube ich. Weil es stinkt und dreckig ist. Naja, und mir geht das Ausmisten auch oft auf den Geist. Aber Silvie ist - wie immer - anders. Sofort denke ich daran, dass ich meiner Silvie anschließend den Strohboden zeigen kann. Der wird ihr gefallen. Also los, ran an den Mist.

Als wir die Backstube durch den Haupteingang und nicht durch den schmalen Durchgang verlassen, treten wir hinaus und empfinden die Luft als erfrischend kühl, obwohl es auch draußen heute wieder warm ist. Hacki ist sofort bei uns und stellt sich mit gespitzten Ohren und voller Anspannung vor die Tür des Schweinestalls, die sich nur wenige Meter quer gegenüber der Backhaustür befindet und verschlossen ist.

„Er will eine Maus fangen, Silvie", flüstere ich, gehe leise an die Tür heran, vor der der aufgeregte Hacki in Startposition geht. Dann öffne ich leise den Riegel und reiße die Tür in weitem Bogen auf: Hacki rast aus dem Stand in die Dunkelheit und schnappt zu. Daneben. Er rutscht um den Sack mit den Kartoffelflocken, überschlägt sich fast, stößt mit der Schnauze gegen den Futtertrog und schnappt erneut zu. Daneben. Seine Krallen könnten fast Funken werfen, so kratzt er die Kurve, schnappt ein drittes Mal zu. Ein drittes Mal daneben.

Wir haben die Mäuse davon huschen sehen und trösten den braven Hund, der so tapfer hinter ihnen her war und leider nun sehr enttäuscht in alle Ecken und Winkel blickt. Hacki kennt mittlerweile alle Strecken, auf denen die Mäuse laufen und verfolgt sie auf Verdacht, ohne zu sehen, was ihm schon manchen Fang eingebracht hat.

Im Schweinestall bin ich unheimlich gern. Die Schweine sind meine Freunde. Sie bekommen oft gekochte Kartoffeln, die ich ihnen manchmal klaue, weil die ziemlich lecker sind. Dann grunzen die Schweine uns an. Hacki ist auch gern hier und frisst aus dem Trog der Schweine, was sie so darin haben. Bei dem grunzen sie auch.

Silvie schaut über das Geländer in die Schweinekoben und stellt fest: „Mann, sind die groß!" „Na, da schau dir erst mal die hinteren an!" lache ich ihr zu und reiche ihr zwei Gummistiefel. Ich selbst ziehe mir auch welche an, weil es gleich dreckig wird. „Hinten stehen die großen, die im nächsten Winter geschlachtet werden." „Was? Das ist grausam!" ruft Silvie entsetzt. Sie betrachtet die Schweine traurig, fasst durch die Stangen des Kobens hindurch und krault eines der Schweine zwischen den Ohren. „Wie heißen sie?" „Opa sagt, sie sollen keine Namen haben. Damit wir sie essen können."

Silvie schüttelt den Kopf und folgt mir. Wir müssen vorn wieder aus dem Schweinestall hinaus und zu den Türen auf der Rückseite gehen, aus denen die Schweine ins Freie gelangen können.

Auf dem kurzen Weg müssen wir um zwei kleine Gebäude herumlaufen, die früher mal Plumpsklos waren. Da kann man noch die Klobrillen hochheben und hinunterschauen. Tatsächlich sieht man da noch alles von früher, was die haben hinunter plumpsen lassen. Stinkt auch noch so.

Auf der Rückseite der Plumpsklos sind zwei Löcher im Boden mit Brettern verdeckt. Die dürfen wir auf keinen Fall hochheben. Das ist total gefährlich. Das hat mein Vater mir extra eingeschärft. Trotzdem würde ich ja gern mal schauen, was da drunter ist. Vielleicht mache ich das mal irgendwann mit Silvie zusammen.

Hinter den Plumpsklos endlich ist der Misthaufen, wo wir die Regenwürmer zum Angeln suchen. Dort ist auch der Kaninchenstall. Du ahnst schon, dass ich auch hier viel zu tun habe: Kaninchenfutter sammeln, Kaninchen füttern, Wasser geben und natürlich auch ausmisten. Ist aber alles wichtig und macht viel Spaß. Die Kaninchen haben auch keine Namen. Die Hühner auch nicht, die überall herum picken und scharren. Der Hahn steht auf dem Misthaufen und kräht, als er uns sieht. Hacki der Hund schaut von einem zur anderen, kläfft und pinkelt vorsichtshalber an den Misthaufen.

Jetzt geht es aber los.

„Silvie, wir ziehen die Pforte dort zwischen Misthaufen und Plumpsklo zu, damit die Schweine nicht in den Garten rennen können. Sie sind wie wild, wenn sie draußen sind. Wenn du Lust hast, können wir ihnen da hinten eine Schlammpfütze vorbereiten, damit sie sich suhlen können. Willst du?" Silvie will und ist so aufgeregt, dass sie rote Wangen bekommen hat. Das passiert sonst nur mir. „Wenn die Schweine dich mit den Schnauzen stupsen, musst du keine

Angst haben. Die sind manchmal etwas aufdringlich, tun dir aber nichts. Ich glaube sogar, dass sie vielleicht mit uns spielen wollen. Mache ich auch manchmal. Man kann nämlich auf ihnen reiten. Zumindest auf den großen. Alles klar?"

Mein Blick kontrolliert den zugezogenen Zaun, Silvie, die erwartungsvoll auf die Tür schaut, und Hacki den Hund. „Hacki! Du hältst die Schnauze, hörst du? Ich will nicht, dass du die Schweine zur wilden Sau machst!" Hacki jault und fiept und hat offenbar verstanden.

Ich ziehe den Riegel aus der Tür, öffne sie vorsichtig und blinzele hinein. „Heh, Freunde, nicht drängeln! Wir haben Besuch von Silvie! Macht einen guten Eindruck bei ihr! Verstanden?"

Die Schweine haben aber nicht verstanden, sondern wollen nur an die frische Luft. Sie drücken von innen die Tür auf und drängen heraus. Das ist ein Schnaufen und Prusten! Sie schnüffeln in die Luft, kneifen die Augen zusammen, weil sie die helle Sonne blendet, und quieken voller Freude. Sie stupsen mich am Po und werfen mich fast um. Ich lache auf und klatsche dem frechen Kerl auf den Rücken. Da haben die Schweine Silvie gesehen und wollen sie begrüßen. Die öffnet den Mund und scheint kreischen zu wollen. Doch ein Schwein hält vor ihr inne und schnüffelt an ihr. Silvie reißt sich echt zusammen und krault es zwischen den Ohren. „Gut, Silvie", sage ich zufrieden. „Du bist ein Schweinefreund." Die Schweine wenden sich zur Suhle, denn darauf haben sie tage-lang gewartet. Wir stellen das Wasser an einem Schlauch an und beginnen, die Schweine abzusprit-zen. Mann, das ist ein Spaß. Glaube mir eines: wenn wir im Fluss schwimmen gehen, ist das schon lustig. Aber die Schweine geraten aus dem Häuschen, wenn sie nass gespritzt werden, ehrlich. Manchmal sprin-gen sie richtig hoch und quieken voller Freude. Wenn wir sie so richtig abgespritzt haben, sie so richtig sauber sind, dann machen sie eine echte Schweinerei: sie werfen sich mit voller Wucht in den Schlamm, der durch das viele Wasser entstanden ist. Sie drehen sich auf den Rücken und wälzen sich. Sie grunzen, schnauben und röcheln zufrieden. Sie wühlen, dass der Dreck spritzt. Hacki hält nichts mehr: mit einem Satz ist er über den Zaun und springt zu den Schwei-nen in die Suhle. Die haben nichts dagegen und er macht ihnen alles nach. Was für eine herrliche Schweinerei.

„Silvie, es wird Zeit. Wir müssen den Mist raus schaffen."

Weißt Du überhaupt, wie schwer Mist ist? Mist ist zunächst nichts anderes als leichtes Stroh. Die Schweine, die kein Klo haben, machen aber dann alle in eine Ecke, wie wir es auf dem Klo tun. Stroh mit Kot und Urin ist richtig schwerer Mist.

Und wir schaffen ihn aus dem Stall. Mit Forken nehmen wir den Mist auf und werfen ihn durch die Tür auf den Misthaufen. Junge, Junge, ist das schwer, wenn man zu viel nimmt. Hacki schaut in den Schweinkoben und – zack - hat es ihn erwischt. Silvie lacht und ich sehe wieder ihre glücklichen Augen. Was bin ich froh, dass sie Ausmisten nicht eklig findet. Mit solch einem Mädchen könnte ich, glaube ich, alles erleben.

Hacki sieht inzwischen aus wie eine Sau, wir sind fertig und verlassen den Stall. Die Schweine haben überhaupt kein Interesse, wieder in den Stall zu gehen und müssen mit den Forken gepiekt werden, damit sie es tun.

Nachdem der Riegel wieder vor der Tür liegt, strahlen wir uns nach getaner Arbeit an. „Du stinkst wie ein Schwein!" sagt Silvie zu mir. Ich rümpfe mein Nase und antworte: „Du auch! Aber der da! Der sieht auch wie ein Schwein aus, obwohl er ein Hund ist!"

Silvie hält Hacki den Hund fest und ich spritze ihn mit Wasser ab, bis er wieder wie ein Hund aussieht. Er schüttelt sich, dass die Tropfen fliegen und bellt.

Goldstaub

„Ich hoffe, du kannst an einer Wand hochklettern, Silvie! Wir müssen den Schweinen Stroh geben." Silvie schaut nach oben: über der Tür zu den Schweinen befindet sich unter dem Dach eine weitere Holztür, durch die man auf den Strohboden gelangt. Sie ist zwar verschlossen, aber nicht verriegelt. Aber wie soll man hochgelangen?

Das geht zu zweit einfacher als allein. Also: ich setze meinen ersten Fuß auf den Riegel der Schweinetür. Meine Finger greifen nach der Oberkante der Tür und ich ziehe mich mit der rechten Hand hoch, die linke Hand greift nach oben, findet kurz die Strohbodentür und lässt sie aufschwingen. Wäre ich jetzt allein, müsste ich versuchen, mich so hoch zu hangeln, dass ich in die Türöffnung des Strohbodens fassen könnte, um mich dann ganz hochzuziehen. Heute aber sind wir zu zweit. Also lasse ich mich wieder hinunter, falte meine Hände zur Räuberleiter und nicke Silvie zu. Die versteht mich natürlich gleich, steigt mit einem Fuß in meine Hände, mit dem zweiten auf meine Schulter und ist schon hoch genug, um sich auf den Strohboden zu ziehen. Als ich dann zu ihr hochgreife, fasst sie meine Hand und zieht mich zu sich hoch. Kurze Zeit später sind wir beide oben und schauen uns um. Ich bin ziemlich stolz, ihr schon wieder etwas zeigen zu können, was sie schlicht begeistert.

Der Strohboden befindet sich über dem Schweine-stall und heißt so, weil hier das Stroh gelagert wird, das die Schweine brauchen. Das Stroh wird uns vom Bauern in Ballen gebracht, die man gerade noch schleppen kann. Es wird von zwei Schnüren zusam-mengehalten. Ich zerre einen Ballen heran, ziehe mein Taschenmesser und trenne die Schnüre auf.

„Eine Hälfte müssen wir den Schweinen hinunter-werfen."

Ich zeige Silvie, wie das Brett im Boden entfernt wird, durch das wir auf die Schweine hinunter blik-ken können. Dann lasse ich sie das Stroh hinunter-werfen, obwohl das wirklich das Lustigste am Misten ist. Die Schweine freuen sich nämlich unglaublich über das frische Stroh und bedanken sich mit Grun-zen und Quieken, stöbern herum und wühlen alles solange hin und her, bis sie es gemütlich haben. Wir liegen auf dem Bauch im Stroh und schauen ihnen zu.

Als unten Ruhe einkehrt, drehen auch wir uns auf den Rücken und bemerken, wie schön die Sonne auf den Strohboden scheint.

Das Stroh ist pures Gold, und von oben schwebt Goldstaub auf uns herab. In unserem Atem wird er aufgewirbelt und in die Richtung zerstäubt, in die wir ihn blasen. Irgendwann nehmen wir wahr, dass in der Mittagszeit dieses Sommertages alle Geräusche um uns herum verstummt sind. Kein Laut dringt mehr von den Schweinen herauf, man hört kein Auto mehr auf der Straße. Nur ein Besen fegt noch Staub, bis er mit einem leisen Klacken an die Hauswand gestellt wird und auch Pause macht.

Wir horchen.

Wir hören Fliegen auf dem Misthaufen summen. Eine Gabelweihe schreit leise in der Ferne. Kaninchen knabbern an einer Möhre. Hacki der Hund hechelt in der Mittagssonne. Ich höre Silvie atmen. Sehr leise. Ich höre das Stroh unter ihr knistern, als sie sich zu mir wendet und sagt: „Wie schön alles bei euch ist…"

Ich weiß nicht, was ich darauf antworten soll. Der Goldstaub liegt inzwischen so dicht auf meinen Brillengläsern, dass ich die Brille abnehmen muss, um ihn hinunter zu pusten. Silvie kichert. „Du bist doch eine Brillenschlange", stellt sie fest. Aber wenn sie es sagt, klingt das sehr freundlich. Plötzlich müssen wir beide gleichzeitig gähnen.

„Jetzt reicht es aber mit der Faulenzerei! Komm mit, Silvie, ich zeige dir die dicke Lotte!"

„Wer ist das denn?"

„Wirst schon sehen! Komm, hinten durch den Geheimgang."

Der Strohboden hat nämlich einen zweiten Ausgang. Dazu muss man den Weg durch die Strohballen kennen, der zur hinteren Wand des Strohbodens führt. Dort ist ein Bretterverschlag. Wenn man weiß wie, kann man den leicht anheben und dann zur Seite klappen. Dann kann man durch ein Loch in der Wand in den Holzboden hinunter springen. Dort wird das Holz gelagert, das man benötigt, um den Backofen anzuheizen. Auf dem Holzboden befinden sich noch jede Menge Geräte zur Holzbearbeitung und eine Maschine, mit der man Büchsen verschließen kann. Hier steht auch der Öltank für den Ölofen im Wohnzimmer.

Wir verschließen den Verschlag wieder und schleichen zur Eingangstür, öffnen sie leise und drücken uns hindurch. Wir wollen ja nicht entdeckt und für noch eine Arbeit herangezogen werden! Silvie ist überrascht, dass wir wieder auf den Hof hinauskommen, auf dem sie heute Morgen auf mich gewartet hat. Hübsch verschachtelt, unser Haus. Unser Ziel aber ist ein enger Zwischenraum zwischen unserem Stroh- und Holzlager und dem Nachbarhaus. In diesem Spalt, durch den wir uns seitwärts hindurchzwängen müssen, lebt die dicke Lotte. Wir müssen uns solange hindurchzwängen, bis wir wieder in den Sonnenschein gelangen. Genau dort versperrt sie uns den Weg: die dicke Lotte ist eine wunderschöne Radnetzspinne, die fett in der Mitte ihres Gewebes sitzt und auf Beute lauert. Gegen die Sonne schimmert ihr Netz und man sieht sie selbst in all ihren Farben. Sie hat ein weißes Kreuz auf dem Rücken. Rasch habe ich eine Fliege gefangen und setze sie Lotte auf die klebrigen Fäden. Die Fliege zappelt und will sich befreien. Doch je mehr sie sich wehrt, umso tiefer verstrickt sie sich. Lotte hat sie längst bemerkt und kommt behände heran, erfasst ihr Opfer mit den Beinen und wickelt es in Fäden ein, bis nur noch eine zusammengeschnürte Mumie zurück bleibt. „Ich will das nicht sehen", flüstert Silvie und wendet sich ab „Es ist so grausam." So richtig begeistert ist sie nicht, Lotte kennen gelernt zu haben.

Als wir wieder auf dem Hof zurück sind, erwartet uns schon Hacki der Hund. „Bringt ihr mich ein Stück? Ich muss nach Hause. Meine Eltern sind sicher schon zurück."

Ehrensache. Da sagen weder Hacki noch ich nein. Unter Onkel Bennos Fenster deute ich hoch, damit er Silvie mal sehen kann. Er sitzt bestimmt wieder am Fenster und schaut herunter.

Vor der Kneipe, die Silvies Zuhause ist, frage ich sie: „Sehen wir uns morgen?" „Vielleicht." „Bitte nicht nur vielleicht! Wir könnten mit den anderen aus der Straße um Murmeln spielen." „Vielleicht." „Wir könnten angeln gehen! Ich könnte dir einen Feuersalamander zeigen…"

Doch da ist sie schon im Haus verschwunden und Hacki und ich sehen stumm hinter ihr her.

Überflug

Silvie fehlt in der Schule. Am Montag, am Dienstag, am Mittwoch. Hacki und ich machen uns echt Sorgen. Sie hat schon des Öfteren gefehlt, aber noch nie so lange. Nachmittags streunen wir um die Kneipe und schauen zu den Fenstern empor. Man sieht nichts von ihr, nichts von ihren Eltern. Ihr Fahrrad steht unberührt.

Am Mittwoch nehme ich meinen ganzen Mut zusammen. Wir gehen zur Kneipe, und ich beuge mich zu Hacki hinab: „Hör zu, Hacki", flüstere ich in sein Ohr. „Du wartest hier und passt auf mich auf. Alles klar?" Hacki bellt und wedelt mit seinem schwarzweißen Schwanz, setzt sich und beobachtet mich, während ich die Stufen zum Eingang der Kneipe hinaufsteige.

‚Eingang für Personen unter 21 Jahren verboten' steht an der Tür. Die Tür ist zweigeteilt wie in einem Saloon in einem Western. Vorsichtig drücke ich einen Flügel auf und luge hinein. Im Dämmerlicht kann ich nichts erkennen. Gedämpfte Geräusche dringen an mein Ohr: Wummern von Bässen, leises Klirren von Gläsern. Seltsame Töne treten hinzu, die ich nicht einordnen kann. So eine Art Tüdelü-Melodie, aber nicht eigentlich Musik. Komisch. Plötzlich das Scheppern wie von Geldstücken in einem Topf und Jauchzen. „Endlich! Jackpot!" Eine Männerstimme ruft: „Mach ma´ ´ne lütje Lage für alle, Rudi! Is´

mein Glückstach heute!"

Leise dringe ich weiter in den Vorraum zur Kneipe ein und komme an eine weitere Tür. Von hier aus kann ich in die Kneipe blicken: sie ist schmal, besteht fast nur aus einer Theke. An der Theke stehen Barhocker, auf denen zwei Männer sitzen. Vor ihnen stehen Biergläser. Sie haben Zigaretten in der Hand und nicken wichtig. Der Zigarettenrauch stinkt und vermischt sich mit dem schalen Geruch von abgestandenem Bier. Gut, dass Hacki mit seiner empfindlichen Nase das nicht riechen muss. Hinten, am Ende der Theke, steht der Gewinner, der gerade den Jackpot am Spielautomaten geknackt hat. Er scheffelt die Geldstücke in seine Mütze und ist sichtlich zufrieden. Jetzt weiß ich auch, woher die Musik stammte.

Rudi steht hinter der Theke und ich sehe sofort, dass er Silvies Vater ist: die schwarzen Augenbrauen hat sie genauso wie er. Eben diese Augenbrauen ziehen sich jetzt über seiner Nasenwurzel zusammen und verfinstern seinen Blick. Natürlich hat er mich sofort entdeckt. „Was willst du? Hast du in der Schule nicht Lesen gelernt? Was steht draußen dran, heh?"

„'tschuldigung, ich, ich möchte nur zu Silvie…" Ich stottere zwar, aber, Mann, bin ich mutig.

„Zu Silvie, soso…" sagt er gedehnt. „Silvie ist krank, kapiert?"

„Kann ich nicht trotzdem zu ihr?"

„Nix da, die ist krank und basta, kapiert? Kapiert?" Er brüllt jetzt fast. Es klingt, als würde er lügen.

67

Ich denke plötzlich an Herrn Linke mit seinem Rohrstock. Wenn sie nun in Gefahr ist? Wenn es gar nicht stimmt, was er sagt, und sie bräuchte meine Hilfe?

„Ich möchte sie bitte sehen…" stammele ich vorsichtig.

„Mach, dass du raus kommst! Was bildest du dir ein, hier den dicken Mann zu spielen? Verschwinde, sonst fängst du dir eine!"

Mit dem ist nicht zu spaßen, das sehe ich mittlerweile. Ich bin hin und her gerissen, doch entschließe ich mich zum Rückzug.

„Wann kommt sie wieder in die Schule?" Ich kreische fast.

„Verschwinde!" Er kommt drohend hinter der Theke hervor und auf mich zu.

Ich verschwinde, rufe Hacki zu, mir zu folgen und laufe nach Hause ohne anzuhalten.

„Was soll ich tun, Hacki?" Ich grabe meine Finger in Hackis Fell und drücke mein Gesicht an seines.

„Was soll ich tun?" wiederhole ich immer wieder.

Mir fällt nichts ein, doch habe ich Angst, dass Silvie nicht krank ist, sondern dass ihr etwas passiert ist.

Hol mich der Hakelmann, was bin ich am nächsten Tag erleichtert: Silvie ist wieder in der Schule. Hat mich zwar nicht abgeholt, aber ist da. Sie ist furchtbar wild und ärgert jeden, der auch immer in ihre Nähe kommt. Selbst mich fährt sie an, als ich frage, wie es ihr geht. Warum ich das wissen will, fragt sie mich. Ich hätte mich doch auch in den letzten Tagen nicht dafür interessiert. Was guckt sie, als ich ihr berichte, dass ich in der Kneipe war und ihr Vater mich rausgeworfen hat! Sie wird direkt etwas sanfter. Trotzdem ist nichts mit ihr anzufangen, sagen auch die Lehrer und notieren sich wichtige Dinge in ihre Klassenbücher.

Nach der Schule sage ich zu Silvie: „Kommst du heute Nachmittag mit in die Kirche?"

„Was? Geht´s noch? So ein Quatsch!"

„Komm doch mit! Heute ist Lars da; den musst du dir anhören!"

„Pah! Lass mich in Ruhe! Hörst du?" Sie rennt davon.

Am Zaun des Schulhofes bleibt sie plötzlich kurz stehen, dreht sich um und ruft: „Wann denn?"

Nachdem sie die Auskunft bekommen hat, rennt sie weiter, als würde sie verfolgt. „Vor der Kirche!" schreie ich hinter ihr her.

Verstehe einer die Mädchen, Mann, oh, Mann.

Sie ist pünktlich. Sie schaut griesgrämig, missmutig, übelgelaunt. Ich gebe ihr stumm ein Zeichen mit dem Kopf, mir zu folgen und betrete die Kirche. Silvie zögert, bevor sie mir folgt. Sie beobachtet genau, was ich tue: Finger ins Weihwasser tauchen, Kreuzzeichen, Kniebeuge. Sie macht es nicht, sondern scheint verlegen.

Vor uns liegt das Hauptschiff der kleinen Kirche, die Bankreihen sind leer. Obwohl draußen die Sonne scheint, ist die Beleuchtung hier drinnen eher dämmrig. Da, wo die Sonnenstrahlen durch die farbigen Fenster eindringen können, sehen wir Staub durch die Luft tanzen. Draußen drückt die Sommerhitze, aber hier drinnen ist es kühl. Und ruhig. Fast ganz still. Wie in einer anderen Welt.

Silvie ist überrascht und sieht sich um, reckt ihren Kopf in die Höhe und lässt ihren Blick schweifen, an den Säulen aufwärts emporsteigen, bis er die Kuppeln über uns mustert. Bögen spannen sich von einer Säule zur anderen und bilden so die Halbkugeln, auf denen von außen, für uns unsichtbar, das Dach ruht. Weit vor uns sieht man den Tabernakel, der ganz golden in der Sonne schimmert. Darüber ein mächtiges Holzkreuz. Eine Kerze brennt, und die Luft ist durchtränkt mit dem Duft von Weihrauch.

Silvie dreht sich um ihre Achse und lässt den Blick auf der Rückseite der Kirche verweilen, durch die wir gerade eingetreten sind. Dort erhebt sich auf der Empore, über unseren Köpfen, die riesige Orgel bis hinauf zum Dach. Ich sehe an Silvies Blick, dass sie unsere Orgel noch nie gesehen hat. Ihr Blick wendet sich fragend an mich. Ich lächele aber nur und gebe ihr noch ein Zeichen mit dem Kopf nach links. Wahrscheinlich hat sie sie auch noch nie gehört…

Über eine Wendeltreppe im Turm der Kirche rennen wir um die Wette nach oben. Silvie voran, läuft natürlich an der Empore vorbei und ist schon auf dem Weg in den Turm. Ich pfeife sie zurück und trete selbst durch eine kleine Holztür auf die Empore hinaus. Einen Augenblick später schauen wir von der Brüstung der Empore hinab in den Hauptraum der Kirche, in dem wir gerade noch gestanden haben.

Ich blicke heimlich zu Silvie hinüber und sehe, dass aller Missmut aus ihren Augen verschwunden ist. Die Falten auf ihrer Stirn sind verschwunden und ihre Mundwinkel, bereit zu einem Lächeln, sind wieder nach oben geschwungen. Zufrieden hole ich tief Luft und entspanne mich ebenfalls.

Ich habe zwar vorhin erzählt, dass ich nicht gern in die Kirche gehe, sondern lieber zu Onkel Benno. Das stimmt aber nicht ganz. Alleine bin ich gern hier. Nur, wenn ich als Messdiener unten vor der Menge der Gottesdienstteilnehmer alles richtig machen muss, jeder Schritt vorgegeben ist und jedes Wort korrekt ausgesprochen werden muss, na, dann ist es bei Onkel Benno schon angenehmer.

Da es noch nicht fünf Uhr ist, hätten wir eigentlich noch Zeit, Lars bei seinen Übungen an der Orgel zuzuhören. Aber wo der ist, weiß der Hakelmann.

Jetzt ist es Silvie, die mir ein Zeichen gibt, als hätte sie meine Gedanken gelesen. Sie hat Lars entdeckt, den ich im Dunkeln hinter der Orgel glatt übersehen habe. Lars kniet auf einer Bank und hat sein Gesicht in die Hände gestützt. Man sieht, dass er am Hinterkopf einen runden Fleck kahl geschoren hat.

Er bekreuzigt sich in diesem Moment und erhebt sich. Silvie staunt nicht schlecht, als sie sieht, dass er mit einer langen brauen Kutte bekleidet ist, die mit einer hellen Kordel um seine Hüfte zusammengehalten wird. Lars ist noch jung, aber er ist schon ein Mönch. Er kommt auf uns zu und begrüßt uns. „Hast jemanden mitgebracht?" „Das ist Silvie", antworte ich. „Meine Freundin." Ich füge das mit einem verstohlenen Blick auf Silvie hinzu. Man weiß ja nie bei diesem Mädchen. Doch die zuckt nicht und verzieht auch nicht den Blick. Vielmehr begrüßt sie ihrerseits Lars: „Hallo!"

„Nun? Was kann ich für euch tun?"

„Weckst du sie für uns?" frage ich Lars und Silvie hebt die Augenbrauen, weil sie nicht weiß, was ich meine.

„Wie wäre es, wenn ihr das selbst tut? Wenn sie wach ist, werde ich mit ihr sprechen und sie bitten, euch mitzunehmen auf eine gemeinsame Reise. Einverstanden?"

„Wirst du sie bitten, uns in den Himmel schauen zu lassen?"

Lars nickt und legt mir seine Hand auf den Kopf. „Du willst Silvie beeindrucken; ich verstehe." Er lächelt mir freundlich zu.

„Nein", rufe ich aus und werde puterrot. „Sie soll… Sie muss… Ich möchte, dass sie sich an sie erinnert, wenn sie traurig ist."

Silvie hat von einem zum anderen geschaut und

wirkt leicht gereizt. „Lasst mich aus dem Spiel, wenn ich nicht weiß, worum es geht. Mir wird das zu blöd, so daneben zu stehen…"

„Entschuldige bitte, Silvie; es war ungehörig von uns, so über dich zu sprechen und nicht mit dir", beschwichtigt Lars sie. Er fügt hinzu: „So lasst es uns versuchen. Setzt euch neben mich."

Er legt seine Sandalen ab, steigt auf eine kleine Holzbank, die vor der großen Orgel steht. Genauer gesagt, vor drei Reihen übereinander angeordneten Reihen von Tastaturen. Zu seinen Füßen befinden sich zahllose Holzpedale, die er aber nicht berührt. „Einer links, einer rechts von mir?" fragt er. Silvie schüttelt den Kopf, schiebt mich an Lars heran und setzt sich neben mich. Ohne zu zögern fasse ich ihre Hand von der Innenseite ihres Armes her, sodass sich unsere Finger ineinander verschränken. Jetzt haben wir gemeinsam zwei Hände frei. Ich spüre, wie gespannt Silvie ist, und bin es auch. Beide schauen wir zu den Orgelpfeifen empor, die vor uns aufragen.

Lars bekreuzigt sich erneut und betätigt einen Schalter links von sich. Einen von unüberschaubar vielen.

Die Orgel erwacht und holt tief und für uns alle hörbar Luft. Sie saugt sich so voll, dass wir einen sanften Windhauch an unseren Beinen spüren.

Lars gibt mir und Silvie ein Zeichen. Ich hebe meine rechte Hand, Silvie ihre linke. Vorsichtig setzen wir sie auf die Tasten vor uns, ganz links auf der Tastatur. Die Orgel erhebt ihre Stimme und lässt eine Reihe so tiefer und unglaublich mächtiger Töne hören, dass wir vor Schreck unsere verschränkten Hände ineinander verkrampfen.

„Haltet sie aus!" flüstert Lars uns zu. „Sie will sanft geweckt sein." Er legt seine Finger neben unsere und fügt noch weitere tiefe Töne hinzu. „Seht nur!" Er weist mit seinem Blick nach oben. „Die tiefen Töne gibt sie uns aus den größten Pfeifen. Je höher der Ton ist, umso kleiner die Pfeife…"

Alles vibriert um uns herum, und wir spüren, dass unser Bauch ein ganz klein wenig zittert. Erst als wir mit den Lauten vollständig erfüllt sind und selbst schwingen wie die massiven Töne es tun – in langen, endlosen Wellen - nickt Lars uns zu: „Ich übernehme sie jetzt und ihr schleicht euch sanft, Finger für Finger, hinaus."

Wir lassen unseren Weckruf vorsichtig verklingen, und je weiter wir uns zurückziehen, umso mehr übernehmen Lars´ Finger und Füße das Spiel. Bald hat er alle seine Finger auf die Tasten gesetzt, auf denen eben unsere Finger noch ruhten, die Füße hinzugefügt und beginnt sein Spiel mit der Orgel.

Die Orgel hält die tiefen Töne länger als unser Atem reicht. Wir horchen mit geschlossenen Augen in uns hinein und erspüren unter unserem Atem den Strom unseres Blutes. Er fließt gleichmäßig durch alle Adern, strömt vom Herzen in jeden Winkel des Körpers. Doch der Blutstrom ist nicht wirklich gleichmäßig. Als die langen Töne plötzlich kürzer werden, wieder länger, kürzer, höher, tiefer erneut, bemerken wir, dass der Blutstrom pulst. Lars überträgt seinen Herzschlag auf die Orgel, die Orgel ihren Puls auf unseren. Der Puls der tiefen Töne hält an und beruhigt uns. Ich bin verblüfft, als Silvie ihren Kopf zur Seite neigt und an meine Schulter lehnt. Eine Weile geben wir uns dem Auf und Ab der langen Wellen hin.

Da flüstert mir Silvie ins Ohr: „Die Musik ist braun, ich höre kein Grün! Es ist Winter! Sie will, dass wir die Erde fühlen! Hörst du?"

Nach zahlreichen weiteren dunklen Wellen ruft sie laut: „Sie will, dass wir die Erde fühlen!"

Ich verspreche Dir: ich spüre es, wie Silvie es gesagt hat. Tiefe Töne sind dunkel und braun, und sie verbinden sich in der sich wiederholenden Melodie der Wellen zum Winter.

Lars gibt uns Hoffnung: eine Melodie kurzer, heller Töne legt sich über die Grundmelodie. Die hellen Töne klingen fröhlich und verspielt. Sie werden wild, verharren, stupsen, mühen sich, werden weich und stolz zuletzt.

„Der Maulwurf", ruft Silvie. „Der Maulwurf wirft den Haufen. Hoch hinauf ans Licht!"

Plötzlich treten die dunklen Töne zurück, hellere, anschwellende treten hervor. Entschlossen entwickelt

75

sich die Melodie, sie wird vielgestaltig. Hall und Klang werden lebhaft, munter und tänzerisch. Lars´ Hände verweilen nur noch kurze Momente auf den Tasten, seine Füße berühren die Pedale nur noch für einen Augenblick.

„Ich höre das Gras wachsen!" rufe ich Silvie ins Ohr. „Ich höre viele Farben! Rot und gelb und viel, viel Grün! Sie zeigt uns den Frühling."

Silvie hält nichts mehr.

Während die Klänge sich überbieten, während eine Pfeife wohlklingender als die andere den Gesang in die Höhe schraubt, einer Lerche gleich über der Landschaft aufsteigt und tiriliert, springt Silvie auf, hebt die Arme und dreht sich mit geschlossenen Augen immer und immer wieder um sich selbst. Ich sehe glücklich zu Lars, und er freut sich mit mir über das Glück, das aus Silvies Gesicht spricht. Lars lässt die Orgel sie zum Tanz einladen und versetzt Silvie in einen Rhythmus, der sie antreibt, aber auch unter seine Kontrolle bringt.

Eben lässt die Orgel Prickeln, Leidenschaft und Erhebungsvolles übergehen in einen Ernst, der liebevoll erscheint. Jetzt teilt sie schon Sanftmut mit und innere Ruhe. Silvies Bewegungen werden langsamer und sie findet zu mir zurück. Sie spricht mir ins Ohr: „Der Sommer ist vorbei und der Herbst mit all seinen Farben steht uns bevor."

Ich sehe in ihre Augen und, verdammt, ich sag´s, ich bin verliebt in sie.

Sie fühlt wie ich, und ich fühle wie sie.

Die Orgel verstummt auf dem Höhepunkt der Farben. Sie verstummt für einen Takt, für einen Moment, für einen Augenblick der Verwunderung. Für ein Luftholen der Orgel, für einen Atemzug von Lars.

Dann aber streift sie alles ab, was sie bislang an Vorstellungen und Bilder gebunden hat. Sie lässt alle Rücksicht fallen und gibt sich ihrer Bestimmung hin.

Einem Wasserfall aus Schall gleich stürzt sie sich von höchsten Höhen herab, nur um sogleich mit einem Jauchzen wieder aufzusteigen. Sie wird zu einem Drachen aus Farben, der mit breiten Schwingen bis hinauf ins Firmament braust, in der Sonne zerschmilzt und in tausend Lichtpunkte zerbirst. Aus jedem dieser Lichter werden Sterne, werden Strahlen, werden Schallwellen, die wie Gesang von Tausenden erscheinen. Stolz und gewaltig, imposant und mächtig, so ist der Choral, der an den Himmel stößt.

Plötzlich reißt eben dieser Himmel auf und die Urgewalt der Musik, die uns nun umgibt, schleudert uns hinauf. Wir steigen, bis es höher nicht geht und schauen hinab auf unsere Welt. Wir sehen unser Dorf, unseren Fluss, sehen die Felder und Wälder unter uns liegen. Mit der Melodie kreisen wir, dem Seeadler gleich, über dem Kiesteich und atmen die Frische der uns umströmenden Luft.

In diesem Moment spüre ich, dass Silvie von Tränen geschüttelt wird. Ich lege meinen Arm um ihre Schultern, fühle, was sie fühlt, und gebe mich mit ihr dem Lied der Orgel hin.

So hören wir gemeinsam, wie sich der Himmel wieder schließt, der Seeadler hinab gleitet und sein Ruf verstummt. Die Orgel kommt zur Ruhe, verklingt und verstummt in Ruhe ausatmend.

„Komm, komm!" Ich reiße Silvie von der Bank, bevor sie sich besinnen kann. Wir stürzen hinaus, ohne uns von Lars zu verabschieden. Im Turmgang rennen wir nach oben, rundherum die Wendeltreppe hinauf. Ganz hinauf zu den Glocken.

Von dort oben hat man einen Ausblick über Dorf und Land. Hand in Hand blicken wir uns um und wissen, dass uns in diesem Augenblick nichts trennen kann.

Von wegen… Genau in diesem Moment beginnt der Schlegel der großen Glocke, sich langsam zu bewegen. Er will die Menschen zur Messe zu rufen. Es ist Donnerstag und fast fünf Uhr!

In letzter Sekunde schreie ich Silvie zu: „Die Ohren! Halt dir die Ohren zu!" Schon saust der Schlegel auf die bronzene Glocke und ein fetter Gong ertönt. Ein Ton, der uns trifft wie ein Faustschlag. Wir stehen im Klang der Glocke und beginnen zu kreischen. Die kleinen Glocken kommen hinzu und hauen uns ihre Wucht um die Ohren. Wir pressen uns die Hände auf die Ohren und rasten bald aus vor Vergnügen.

Als wir irgendwann atemlos wieder unten vor der Kirche stehen, schauen wir uns nur an und prusten vor Lachen.

„Beim nächsten Mal bin ich aber mal dran!" ruft Silvie fröhlich. „Dann zeige ich dir etwas!"

Sagt´s, schwingt sich auf ihr Fahrrad und startet den Kirchberg hinab. Und ich hinterher, ohne sie einholen zu können.

Sie ist eben meine wilde Silvie.

Entscheidungen

Es hat jetzt schon fast fünf Tage gedauert, bevor sich heute vielleicht eine Gelegenheit ergibt, Silvie mal wieder nach Schulschluss zu treffen. Es ist Sommer, alle Früchte des Gartens reifen heran und müssen geerntet werden. Das bedeutet für mich Arbeit im Garten, Arbeit bei der Verarbeitung und Arbeit in der Backstube. Das alles, während die anderen in die Badeanstalt gehen. Mann, oh, Mann.

Wie lange hältst Du beim Erdbeerpflücken durch? Wenn ich Dich richtig einschätze, stopfst Du Dich schon am Anfang mit den Früchten voll und kannst Dich schon nach kurzer Zeit nicht mehr bücken. Stimmt's? Großmutter, Mutter und ich halten jedenfalls den ganzen Nachmittag durch und am Wochenende auch den ganzen Tag. Wenn die Beeren schließlich zum Schluss in den Körben von den Feldern nach Hause getragen werden, dann ist der Zeitpunkt gekommen, sich zu belohnen und sich satt zu essen!

Noch am selben Tag, spätestens aber am Tag darauf gibt es Erdbeerkuchen in der Bäckerei. Ich lege die gesäuberten Früchte auf den Pudding, und anschließend wird noch der rote Guss darüber gegossen. Ähnlich passiert das mit Stachelbeeren, nur dass vor dem Backen Baiser darauf gespritzt wird.

Für die Sauerkirschen haben wir eine Maschine, die vier Kirschen gleichzeitig entkernen kann. Die Maschine nennen wir den ‚einarmigen Banditen‘, weil man den Hebel mit einem Arm hinunterreißen muss und nicht weiß, wie viele Kirschen man erwischt. Jedenfalls spritzen die Kirschen beim Entkernen so sehr, dass wir schon nach kurzer Zeit von oben bis unten rote Flecken auf der Kleidung, dem Gesicht und den Armen haben. Deshalb entkernen wir sie im Innenhof. Nach dem Entkernen werden die Kirschen eingekocht. Aber damit habe ich nichts zu tun.

Während ich nachmittags arbeite und abends noch Hausarbeiten für die Schule mache, hat Bernhard begonnen, sich mit Silvie auch ohne mich zu treffen.

Ich weiß nicht, wie ich beschreiben soll, was ich dabei empfinde, wenn ich morgens höre, dass sie sich zum Schwimmen verabreden, ich aber nicht mitgehen kann. Obwohl Bernhard mein Freund ist und Silvie zweifellos meine Freundin: was, wenn Silvie zu glauben beginnt, Bernhard sei ihre verlorene Hälfte?

Die Lage beunruhigt mich sehr, ich pflücke schneller und entkerne so rasch, wie ich nur kann. Deshalb habe ich es gestern wenigstens noch geschafft, mit den beiden und einigen anderen aus der Gruppe des krassen Bernd zum Sportgelände zu gehen, um dort mit Rollschuhen zu laufen. Hacki ist auch mitgekommen, weil ihm so etwas viel Spaß macht. Wir sind alle in einem fort im Kreis herumgefahren, schneller und immer schneller; bis wir außer Atem gekommen sind und schon geglaubt haben, wir würden fliegen. Wir sind so lange gefahren, bis die meisten aufgegeben haben und nur noch Bernhard, Silvie und ich übrig geblieben sind. Und Hacki natürlich, der allerdings als nächster mit hängender Zunge an der Strecke liegen geblieben ist. Zuletzt haben Bernhard und ich Silvie in die Mitte genommen, wir haben uns alle die Hände gereicht und sind gemeinsam weiter gefahren. Bis die Dämmerung eingebrochen ist. Beim Abschied haben sich Bernhard und ich nicht mehr in die Augen geblickt, als stünde etwas zwischen uns. Ich fürchte, Bernhard ist auch in Silvie verliebt. Aber wie könnte sie sich zerreißen? Jeder von uns hofft, dass sie sich für ihn entscheiden wird. Wir beide wissen, dass wir dann vielleicht keine Freunde mehr sein werden. Jedenfalls nicht mehr so wie früher.

In der Schule hat sich allerhand verändert. Wenn wir nachmittags zusammen sind, macht keiner mehr Sprüche über Silvie. Das liegt wohl daran, dass jeder, der sie kennen lernt, erkennt, dass die vielen üblen Gerüchte über sie falsch sind und Silvie voll in Ordnung ist. Diejenigen, die in der Schule noch Stunk machen, gehören alle zur Bande des starken Uwe und der Knöll-Zwillinge. Auch wenn Silvie und ich nie groß ausgesprochen haben, dass wir zur Bande des krassen Bernd gehören wollen, respektieren sie uns, wenn wir bei ihnen auf dem Schulhof stehen. So ist es wesentlich angenehmer in den Pausen, ehrlich.

Heute haben wir in der letzten Stunde wieder Deutsch. Zu unserer Verwunderung erfahren wir, dass Herr Linke die Schule verlassen musste. Auf dem Schulhof besprechen wir, ob das daran liegt, dass er immer mit seinem Rohrstock prügelte und das jetzt erst heraus gekommen ist. Jedenfalls glauben wir mittlerweile, dass es etwas nützt, wenn man solches Unrecht auch mal ein bisschen an die große Glocke hängt. Dem Unterricht gehen wir nun beruhigt und zufrieden entgegen. Natürlich freuen wir uns aber auch auf die Sommerferien, die schon bald bevorstehen.

Bei Schulschluss sagt Silvie heute zu Bernhard und mir: „Habt ihr Lust mit hinunter zum Fluss zu kommen?" Klar, dass wir nicht nein sagen. Wir beschließen, erst unsere Fahrräder von zuhause zu holen und uns später unten am Fluss zu treffen.

Obwohl ich mich sehr beeilen will, werde ich aufgehalten. Ich muss erst noch den Kaninchen Wasser geben und ein paar Möhren nachfüttern, weil sie uns in der Hitze sonst umfallen. Als ich endlich auf mein Rad springen und losradeln kann, ahne ich schon, dass ich zu spät dran bin. Hacki der Hund kann kaum mithalten, so presche ich um die Kurven auf dem Weg zum Fluss hinunter.

Bernhard und Silvie sind nicht mehr am verabredeten Treffpunkt an der Brücke in der Dorfmitte. Mich erfasst Panik, sage ich Dir, und ich bekomme Angst, dass Silvie glauben könnte, ich wäre absichtlich nicht gekommen.

„Hacki, wo sollen wir nur suchen?" frage ich ihn

verzweifelt und schaue erst flussab, dann flussauf, um irgendetwas zu entdecken, was bei der Entscheidung weiterhelfen könnte. Hacki schnüffelt herum, guckt hierhin und dorthin, schnüffelt weiter und kläfft. Er läuft ein Stück flussauf, dreht sich um und bellt erneut; diesmal etwas ungeduldiger. „Sei doch mal still! Ich muss überlegen, was ich jetzt tun muss!" raunze ich ihn an. Doch der fängt an, immer heftiger zu bellen, und wendet sich wieder flussaufwärts. Endlich schnalle ich, was er will: ich soll ihm folgen! Sollte er wirklich wissen, wo die beiden entlang gefahren oder gelaufen sind? Sollte er nicht nur ein Mäusefänger, sondern auch ein Spürhund sein? „Bist du sicher, Hacki? Wenn du mich in die falsche Richtung führst, bin ich erledigt, und Bernhard hat Silvie für sich. Pech und Schwefel."

Doch Hacki lässt sich nicht beirren, schnüffelt am Boden und rennt los wie vom wilden Hamster gebissen. Jetzt bin ich es, der kaum mithalten kann. Es geht am Schlösschen vorbei, einem heruntergekommenen, alten Haus mit vielen Türmchen, am Schützenhaus, durch die Kastanienallee und weiter bis zur hölzernen Fußgängerbrücke über den Fluss.

Keine Silvie, kein Bernhard.

Hacki biegt in den Dschungel ein. Dort fließt der Fluss in engen Kurven, und die Bäume, Sträucher und Gräser wachsen so dicht, dass man nur auf einem Trampelpfad hindurch kommt. Plötzlich weiß ich, wohin die beiden gefahren sind: zur alten Kopfweide über dem Wasser.

Tatsächlich liegen die Fahrräder in der Nähe der Weide im Gebüsch. Hacki bleibt unter dem Baum stehen und bellt. Oben aus den Zweigen schauen Silvie und Bernhard auf uns herunter und Silvie ruft erfreut: „Na, da kommst du ja doch noch! Du hast doch Bernhard gesagt, dass du keine Lust mehr hättest mitzukommen?"

Ich bin platt, weil eine solche Lügerei gar nicht Bernhards Art ist. „Das soll ich gesagt haben? Bernhard, warum erzählst du Silvie solche Geschichten?" Mir ist natürlich schon klar, warum. Bernhard entgegnet nur, ich solle nicht so kleinlich sein. Schließlich habe ich die beiden doch problemlos gefunden. „Mann, Bernhard, ohne Hacki hätte ich euch erst übermorgen gefunden!" Ich beuge mich zu Hacki dem Hund hinunter, streichele ihm den Kopf und bedanke mich bei ihm. „Nun komm hoch!" lädt mich Silvie ein.

Die Weide ist ein sehr alter Baum mit einem Stamm, so dick, dass wir ihn zu fünft nicht umfassen könnten. Irgendwann bei einem Hochwasser wurde er unterspült und neigte sich über den Fluss. Die Zweige wuchsen aber in den Jahren danach wieder senkrecht in die Höhe. Im vergangenen Sommer haben wir die äußeren Weidenzweige zu Wänden verflochten und die inneren zum Teil abgeschnitten. Als die Knospen in diesem Frühjahr wieder austrieben und Blätter schoben, ist eine undurchsichtige, grüne Höhle für bis zu vier Leuten entstanden, die verschwinden wollen.

Während man über den schrägen Stamm leicht nach oben gelangt, ist die Benutzung des rückseitigen Fluchtweges eine echte Mutprobe: nach hinten ragen nämlich starke Äste der Weide bis über das gegenüber liegende Ufer des Flusses. Man hangelt sich an diesen Ästen bis hinüber, lässt sich hinunter in die mannshohen Brennnesseln fallen und ist wie vom Erdboden verschluckt. Auf diese Weise könnten wir dem starken Uwe entkommen, sollte seine Bande mal den Baum entdecken. Der starke Uwe hat nämlich eine entscheidende Schwäche: er kann nicht schwimmen. So ein starker Kerl kann nicht schwimmen und ist deshalb wasserscheu wie eine Katze! Da sieht man's mal: keiner ist perfekt.

Wir also zu dritt in der Kopfweide.

Nach diesem Versuch von Bernhard, mich loszuwerden.

Da kommen nicht viele Gesprächsthemen auf.

Wir strecken uns auf dem Stamm aus, schweigen und lauschen auf das leise Rauschen und Sprudeln des Flusses. Er strömt hier ziemlich stark, obwohl er in Kurven liegt. Unter uns ist deshalb ein Kulk, eine tiefe Stelle, in der sich das Wasser nach unten einschraubt wie ein Korkenzieher. Das Sprudeln kommt von einem starken Ast der Weide, der direkt unter uns die Wasseroberfläche durchstößt.

Irgendwann nimmt Bernhard einen Anlauf und

sagt: „Wir haben schon lange nicht mehr den Fluchtweg überprüft. Vielleicht sollten wir das heute mal wieder tun?"

„Brauchen wir wohl nicht. Man sieht auch so, dass die Äste nach drüben grün und noch tragfähig sind. Und für einfach mal eben ausprobieren ist die Überquerung zu gefährlich", antworte ich ihm, weil ich nicht einmal erahne, worauf er hinaus will.

„Silvie, kommst du mit hinüber?" richtet er sich an Silvie. Die scheint unschlüssig, blickt hinüber, hinunter zum Fluss und zögert.

„Und wie kommen wir wieder zurück zu den Fahrrädern?" fragt sie Bernhard.

„Wir schwimmen die paar Meter zurück", grinst er breit.

„Durch den Kulk? Bist du wahnsinnig geworden, Bernhard?" brause ich auf. „Bitte, Silvie, mach das nicht mit! Das Wasser kann dich nach unten ziehen und du ersäufst hier vor meinen Augen, ohne dass man dich retten könnte." Ich hoffe, dass ich warnend genug klinge.

Bernhard lacht: „Hast wohl Schiss, Angsthase?"

„Du weißt, dass ich keinen Schiss habe, Bernhard. Aber ich weiß, wann etwas zu gefährlich ist. Das ist ein Fluchtweg für die allergrößte Not. Und Silvie ist zu klug, um unbedingt durch eine solche Schwachsinnsidee beeindruckt werden zu müssen. Stimmt doch, Silvie?"

„Das stimmt. Aber ich wüsste gerne, wie du wieder

herüber kommen würdest…?" Sie blickt mich abwartend an.

„Man geht ein gutes Stück weit flussaufwärts. Dort ist eine Stromschnelle, über die eine Erle gefallen ist. Ist man über den Stamm balanciert, durchwatet man den seichten, aufgestauten Seitenarm des Flusses, der aber nicht tief ist, zum diesseitigen Ufer." Während ich ihr das erkläre, weise ich mit dem Arm nach Süden und beschreibe gestikulierend die einzelnen Abschnitte des Fluchtweges.

„Wie soll ich mich da entscheiden?" Silvie schaut mit einem so eigentümlichen, sagen wir mal, vorsichtig herausfordernden Blick von einem zum anderen.

Während ich Silvie wegen dieser Äußerung schlechterdings sprachlos und entgeistert anstarre, wittert Bernhard seine Chance und sagt: „Wenn du mir folgst, verspreche ich dir einhundert Küsse!"

Was? Ich glaube, meine Ohren täuschen mich! „Was soll das?" schreie ich Bernhard an. „Was – soll – das? Du setzt euer beider Leben aufs Spiel für hundert Küsse? Welchen Wert haben solche Küsse?" Ich gerate außer mich.

Silvie ist die Ruhe selbst und schaut wieder auf Bernhard.

Der erhöht sein Gebot: „Tausend Küsse." Er schaut herausfordernd zunächst Silvie, dann mich an.

Bernhard: er ist größer als ich. Er ist blond und nicht so mausbraun wie ich. Er kann viel besser laufen, springen, Rollschuhfahren als ich. Er kann sogar besser sehen als ich, die Brillenschlange. Er ist schlagfertiger als ich und traut sich, Mädchen anzusprechen, ob sie seine Freundin sein wollen. Hol ihn der Hakelmann. Trotzdem mochte ich ihn immer, weil ich glaubte, dass er mich trotz allem als Freund schätzte. Aber was er hier abzieht, das hat nichts mehr mit Freundschaft zu tun.

„Tausend Küsse?" wiederholt die wilde Silvie und sieht Bernhard etwas spöttisch an. Es entsteht eine Spannung, die unsere gesamte Aufmerksamkeit auf sich zieht. Silvie blickt jetzt mich an. Ihr Blick fragt, was ich ihr biete!

„Silvie, schwimm nicht durch den Kulk", sage ich leise zu ihr und hoffe, dass mein Blick beschwörend genug wirkt und sie aufhält.

„Ich verspreche dir keine tausend Küsse, Silvie, damit du nicht mit Bernhard gehst. Aber ich gebe dir meinen ersten, wenn du willst; ohne Bedingungen." Ich erschrecke vor meinem eigenen Mut und erröte so stark, dass Bernhard laut prustet vor Lachen.

„Sei unbesorgt", antwortet Silvie mit ernstem Gesichtsausdruck. „Ich habe nie vorgehabt, mit Bernhard zu gehen."

Mir fällt ein derartiger Stein vom Herzen, dass es erleichtert in die Höhe hüpft, beuge mich vor, wie sich in diesem Moment auch Silvie vorbeugt. Beide schließen wir die Augen, während sich unsere Lippen für den wunderbarsten Moment meines Lebens berühren. Diesen kleinen Moment lang spüre ich, was die Jungen und Mädchen, die im Paradies untrennbar verschmolzen waren, vermisst haben mögen. Und, verdammtnocheins, mir offenbart sich, dass es die Suche nach der verlorenen Hälfte wert ist. Unsere Lippen bleiben aneinander hängen, als wir wieder in uns zurückkehren, und jeder von uns zieht einen feinen, durchsichtigen Spuckefaden des anderen mit sich. Erst als der zerreißt, befinden wir uns wieder auf dem Baum und hören, dass Bernhard irgendetwas Unflätiges brüllt.

Er verlässt die Baumhütte über den Stamm und ist voller Ärger und Wut über seine Niederlage. Hacki, der nach Leibes Kräften bellt und an Bernhards Hosenbein zerrt, kann nicht verhindern, dass er unsere Fahrräder in den Kulk wirft, auf sein eigenes springt und flussabwärts verschwindet.

Veränderungen

Am nächsten Tag, am letzten Schultag vor den Sommerferien, kommt Silvie mit einer geschwollenen Wange in die Schule. Sie hat Schwierigkeiten zu sprechen. Sie behauptet, sie habe Zahnschmerzen. Das mag sogar stimmen, ist aber sicher nicht Grund für die Schwellung. Ich ahne sofort, was dahinter steckt, und frage sie direkt, ob das ihr Vater war. Den habe ich in der Kneipe schon kennen gelernt, und der scheint mir zu so etwas fähig. Silvie versucht erst, den Kopf zu schütteln, doch einige Tränen zeigen sich auf ihrer Wange, und das Kopfschütteln geht in Kopfnicken über. „Wegen des Fahrrades?" Abermaliges Nicken.

Ich werde stinkwütend und hole Frau Müller-Kahl hinzu, damit sie sich ansieht, was mit Silvie geschehen ist. Die schüttelt den Kopf, betastet Silvies Wange und schaut ihr in den Mund, um zu sehen, ob noch alle Zähne heil sind. „Ich werde darüber mit deinem Vater sprechen, Silvie", verspricht die Klassenlehrerin. Sie schickt uns auf den Schulhof und befragt Silvie noch etwas weiter, bevor sie sie auch auf den Schulhof entlässt.

Die Strebergruppe und die Bande des krassen Bernd haben sich in letzter Zeit angenähert und stehen auf dem Hof zusammen. Sie machen gemeinsam Pausenspielchen. ‚Tsching, Tschang, Tschong' zum Beispiel oder ‚Nur dicht zählt'. Dabei können die

Streber ordentlich abkassiert werden, weil sie die Spiele nicht auf die Reihe bekommen. Aber die empfinden es fast als Ehre, gegen die Leute vom krassen Bernd zu verlieren. Tja.

Heute steht man gemeinsam um Silvie herum und tauscht sich darüber aus, was Silvie geschehen ist. „Passiert mir regelmäßig", sagt der faule Hans und hofft, dass das die Silvie tröstet. „Immer, wenn er gesoffen hat. Meine Mutter bekommt dann auch welche ab."

Der faule Hans ist eigentlich gar nicht faul. Er sitzt furchtbar lange und oft an seinen Hausaufgaben. Aber weil er sie nicht schafft, sagt er selbst, er sei zu faul gewesen und habe lieber Fußball gespielt. Der faule Hans tut uns leid. Es muss saublöd sein, wenn man die Aufgaben nicht kapiert, obwohl man sich so bemüht.

Wie der faule Hans melden sich auch andere zu Wort und versuchen, durch ihre eigene Geschichte ihr Mitgefühl für Silvie auszudrücken.

„Komm rüber und halte mir die rechte Seite hin!" höhnt es aus der Gruppe des starken Uwe. „Dann kannst du wieder gerade stehen!" Schallendes Gelächter dringt lautstark herüber.

Zu meinem Entsetzen sehe ich, dass sich Bernhard zu der Gruppe des starken Uwe gesellt hat und trotzig herüber starrt. Ich blicke meinerseits zu ihm hinüber und schüttele meinen Kopf: warum tust du das? Er weicht meinem Blick aus, und ich weiß, dass ich ihn irgendwie wieder zu uns holen muss.

Da geschieht etwas, was damals, als Silvie zu uns kam, nicht denkbar gewesen wäre: alle Schülerinnen und Schüler aus der Strebergruppe und der Bande des krassen Bernd drehen sich zum starken Uwe hin um und stellen sich so vor Silvie. Der krasse Bernd tritt nach vorn und geht drei Schritte auf den starken Uwe zu, blickt ihn böse an, zeigt mit ausgestrecktem Zeigefinger auf ihn und legt sodann in aller Ruhe, aber sehr bestimmt, diesen Finger auf seine Lippen. Haltet den Mund, heißt das.

Der starke Uwe und seine Leute sind beeindruckt, weil wir so entschlossen sind. Sie lachen zwar weiter, aber sichtlich verunsichert, und wenden sich ab.

Als der krasse Bernd zurückkommt, berühre ich ihn kurz am Arm und nicke ihm ernst zu. Ohne rot zu werden. Potztausend. Der krasse Bernd mustert mich, als würde er mich überhaupt zum ersten Mal sehen und nickt zurück. Als er wieder bei seinen Leuten ist, sagt er: „Leute, nach der Schule treffen wir uns am Fluss und helfen den beiden, die Fahrräder herauszuziehen. Alles klar soweit?"

So ist der krasse Bernd, und niemand widerspricht ihm.

Glaube bitte nicht, dass es einfach ist, zwei Fahrräder aus einem Kulk zu ziehen. Man braucht dazu einen Sauzahn und enorme Kraft. Vorsichtshalber werde ich mit Gürteln gesichert, bevor ich im Wasser stochere, um die Räder zu finden.

Opas Sauzahn, ein gebogener Haken, den er zum Lockern der Erde im Garten verwendet, ist glücklicherweise sehr lang und verhakt sich schon bald in Silvies Hinterrad. Mit vereinten Kräften ziehen wir es erst an die Oberfläche, dann aus dem Wasser heraus. Es ist total verdreckt, doch Silvie und die anderen Mädchen schieben es flussabwärts ins flache Wasser und putzen es, bis es wieder blitzt und blinkt.

Mein Fahrrad bleibt verschwunden, bis der graue Lukas ausrechnet, bei der Strömung hätte es bis zu zehn Meter nach rechts verdriftet werden können. Tatsächlich findet es sich dort an und kann leicht geborgen werden. Lukas deutet auf seine Oberarme und sagt stolz, man müsse es eben nicht nur dort, sondern auch dort haben – und deutet als nächstes auf seinen Kopf.

So endet dieser denkwürdige Tag. Silvie und ich haben unsere Fahrräder wieder, Silvies Wange schwillt wieder etwas ab, wird dafür aber blau, die Strebergruppe und die Bande vom krassen Bernd verbünden sich, und alle stehen zu Silvie.

Alles wäre so supersahnespitze, wenn da nicht der Umstand wäre, dass Silvie wieder zu ihrem Vater nach Hause zurück muss. Nur sehr widerstrebend entlassen wir sie in die Kneipe. Während sie hineingeht, bauen wir uns aber vor dem Haus auf und zeigen ihrem Vater mit lautstarkem Gebrüll, dass wir ihn von jetzt an beobachten werden und Silvie zu uns gehört.

„Wenn nur noch einmal so etwas passiert...", so beschließt der krasse Bernd, „...gehst du zu Hartmann, ist das klar?" Er steht neben mir und ich weiß, dass er mich meint. Ich bin dazu bereit.

Väter

Zuhause ziehe ich mich früh in mein Zimmer zurück. Ich will allein sein. Ich will Silvie nah sein. Ich bin sicher, sie spürt, dass ich an sie denke. In jenem Haus hinter der Bahnlinie. Wie könnte sie heute nicht auch an mich denken? So fern sie auch ist, so nah ist sie dennoch. Ich versuche zu spüren, ob es ihr gut geht oder ob sie vor ihrem Vater Angst hat. Man kann wahrnehmen, was der andere fühlt, wenn man zusammen gehört, glaub's mir.

Ist es nicht so: Du hörst, wie die, die Du liebst, von Worten verletzt wird und spürst die Einschnitte in Deiner eigenen Seele. Du siehst, wie der, den Du liebst, geschlagen wird und spürst die Hand auf Deinem eigenen Gesicht. Und wenn Du sie auch nicht wirklich hörst, und wenn Du ihn auch nicht wirklich siehst: wirst Du nicht dennoch spüren, wie sie sich in diesen Momenten fühlen?

Mein Zimmer ist ganz oben unter dem Dach unserer Bäckerei. Weißt Du ja schon. Es ist ziemlich klein. Vier Schritte breit und lang. Gegenüber der Tür ist die Dachschräge, an der Hausstirnseite das Fenster, aus dem ich hinunter in den Hof und rechts auf die Straße blicken kann. Unter der Dachschräge kannst Du mein Bett finden, vor dem Fenster einen kleinen Schreibtisch, an dem ich oft sitze. Viel mehr Zeit verbringe ich aber in meinem Lesesessel, gleich, wenn man hereinkommt rechts, neben dem Schreibtisch mit Licht vom Fenster. Im Rücken des Sessels, neben der Tür, befindet sich ein Bücherregal, das überbordet von Büchern und sich unter ihrem Gewicht biegt. Ich habe alle Bücher gelesen und leihe mir noch viel mehr aus der Bücherei aus. Ich lese jede freie Minute und am liebsten Abenteuergeschichten, wie sie mir Onkel Benno erzählt. Wie es in Afrika, am Nordpol oder in Südamerika aussieht, weiß ich sehr genau. Auch in Nordamerika.

In Nordamerika leben Indianerstämme, bei denen es verpönt ist, Kinder zu schlagen. Wer das tut, wird als schlechter Lehrer und Erzieher bezeichnet und hat nichts zu lachen im Stamm. Die Kinder ihrerseits sind frei zu tun, was sie wollen. Aber wenn sie nicht alles lernen, was sie brauchen, um die Erwachsenenprüfung zu bestehen, fallen sie durch und bleiben Kinder. Voll peinlich, oder? Schläge sind für Feinde und Gegner da. Ich sage nur starker Uwe und so. Aber bei uns hier? Hier schlagen die Eltern ihre Kinder, und die Lehrer tun es auch manchmal.

Auch mein Vater hat mich mal geschlagen. Ich habe nie verstanden, warum. Heute Abend laufe ich noch zu ihm in die Backstube, um ihn zu fragen. Er bereitet den Sauerteig für den nächsten Tag vor, ich setze mich auf die Mehlsäcke und schaue ihm zu.

„Vater?"

„Ja?"

„Silvie ist ganz schlimm von ihrem Vater geschlagen worden. Warum schlagen Väter ihre Kinder?"

Schweigen.

„Warum hast du mich mal geschlagen?"

„Ich weiß nicht, Sohn. Ich wollte, dass du etwas tust, was ich dir aufgetragen hatte. Wahrscheinlich."

„Habe ich es anschließend getan? Warst du dann zufrieden?"

Schweigen.

„Manchmal glauben wir Väter, uns würde alles entgleiten, wenn uns sogar unsere Kinder in Frage stellen... Vielleicht."

„Aber du weißt doch, dass du stärker bist?"

„Manchmal sind wir furchtbar gestresst von der Arbeit, vom ganzen Leben..."

„Du hättest mich also grundlos geschlagen?"

Er seufzt tief. „Ich will mich gar nicht rausreden. Es gibt keinen Grund, sein Kind zu schlagen. Es tat mir schon in dem Moment leid, als ich es tat. Entschuldige bitte." Er blickt mich nicht an.

Ich gehe wieder in mein Zimmer und weiß nicht so recht, ob mich das Gespräch weitergebracht hat. Zwar habe ich das Gefühl, dass er mich nicht wieder schlagen wird; doch glaube ich nicht, dass Rudi ähnlich gestrickt ist. Ich fürchte, Silvie muss stets wieder damit rechnen, eine runtergehauen zu bekommen.

Wie können wir Silvie helfen? Wie können wir ihr beistehen, solange sie in ihr Elternhaus zurück muss? Wir holen sie da raus. Ok. Aber will sie das überhaupt? Würde ich das wollen?

Man ist hin und her gerissen, wenn man geschlagen wird. Ich weiß noch: ich war so dermaßen enttäuscht von diesem Vater. Nicht die Hand schmerzte so sehr, sondern die Enttäuschung, verstoßen zu werden und nicht mehr geliebt zu werden. ‚Hol dich der Hakelmann', habe ich gedacht. Doch hätte er es getan, hätte der Ockerthebe ihn geritten, hätte er mir schon im nächsten Moment gefehlt. Verdammtnocheins, ist das kompliziert.

Silvie kann wahrscheinlich nicht mit ihrem Vater leben, aber auch nicht ohne ihn. Von der Mutter weiß ich nichts. Ich bekomme noch eine Gänsehaut, wenn ich mir vorstelle, wie allein Silvie anfangs mit diesem Prügelknaben war. Als sie zu uns kam und niemand etwas von ihr wissen wollte. Jetzt ist sie nicht mehr allein, und das ist das Beste an ihrer Situation. Jetzt kann sie mit uns darüber sprechen, und wir halten zu ihr, was auch kommt.

Rudi soll sich ja vorsehen: wir sind sauviele, sauwild und saustinkig auf ihn.

Ich blicke aus dem Fenster und entscheide mich: Silvie ist meine Freundin und wer ihr weh tut, tut auch mir weh. Und gegen den werden wir uns alle gemeinsam wehren.

Oh, Mann, ich kann nicht mehr denken, sorry. Wird Zeit zu schnarchen. Morgen sehe ich Silvie wieder. Ein Tag ohne sie ist ein schlechter Tag.

Magie

Die Kneipe von Silvies Eltern befindet sich jenseits der Bahnlinie, weißt Du ja. Von dort geht ein Feldweg Richtung Norden. Über diesen Feldweg könnte man zur Burgruine gelangen. Wir fahren da aber nie entlang. Warum? Wegen des Hakelmannes und des Ockerthebe. Wer aber schlägt natürlich genau diesen Weg sofort ein? Silvie natürlich. Ich rufe noch: „Falscher Weg! Wir müssen über den Kirchhof fahren und dann rechts an der Mühle vorbei!" Doch sie lacht nur ihr schönstes Lachen und ruft „Quatsch! Ist doch hier viel kürzer!" Und ist schon davongeeilt, ich nur hinterher, Kurve links, wieder Bahnschranken. Dahinter die Schäferbrücke über unseren Fluss. Dort lässt der Schäfer immer seine Schafe saufen, wenn er mal vorbei kommt.

Schön in der Mitte bleiben mit dem Fahrrad.

Die Schäferbrücke geht noch.

Doch dann kommt die schmale Hakelmann-Brücke über den Bach, der früher die Wassermühle angetrieben hat und der bald schon in unseren Fluss mündet.

Ich bremse scharf und rufe Silvie zu: „Vorsicht! Der Hakelmann!!"

Auch Hacki der Hund bremst, bleibt neben mir stehen und kläfft. Silvies Lachen, dieses helle Lachen, das sich jedes Mal in mir ausbreitet wie kühle Sprudel-Limo an einem heißen Tag, schallt von der anderen Seite der Brücke herüber.

„Hakelmann? Wer ist das denn?"

„Wenn man über die Brücke fährt, hakelt er dich nach unten, und du musst ertrinken…" Meine Stimme wird immer leiser, während ich spreche.

„Ach, ja?" Sie runzelt spöttisch die Stirn. Das sehe ich auf diese Entfernung. So einen Schwachsinn hat sie mir offensichtlich nicht zugetraut. „Da habe ich ja Glück gehabt, dass er gepennt hat…" Sie lacht schon wieder, dass sich mir die Nackenhaare aufstellen. Junge, Junge.

Ich aber habe jetzt ein winziges Problem. Wenn Dir von klein auf erklärt wird, die Brücke sei tabu, dann kannst Du nicht einfach drüber gehen, oder? Für mich wohnt nicht nur der Hakelmann unter der Brücke, sondern auch der Ockerthebe. „Ein riesiger Hund mit roten Augen, der auf den Hinterbeinen läuft, Hacki. Und wenn du unter die Brücke schaust, springt er dir auf den Rücken und du musst ihn schleppen, bis du tot bist." Hacki legt den Kopf schief und hat offenbar nur ‚unter die Brücke gucken' verstanden. Jedenfalls prescht er vor, rennt neben der Brücke zum Bachufer hinunter und ist schon unter der Brücke verschwunden. Man hört ihn fiepen, dann kommt er auf der anderen Seite wieder herauf gerast. Als er wieder bei mir ist, bellt er mich an und rennt zu Silvie hinüber. Die klatscht in die Hände und macht mir ein aufmunterndes Zeichen. Ich setze mich wieder aufs Rad, nehme Anlauf und - bin schon drüber. Kein Hakelmann, kein Ockerthebe, hol mich der… Pah! Etwas verschämt sage ich zu Silvie: „Sorry, aber ich dachte…" „Macht nichts. In Rumänien glauben manche Leute an Vampire." Damit ist die Sache erledigt, und ich muss mir wohl einen neuen Fluch überlegen.

Zur Burgruine dauert es ungefähr fünfzehn Minuten mit dem Rad. Von der Burg sieht man nichts mehr, zumindest nicht von weitem. Nur der Berg, auf dem die Burg vor Jahrhunderten gestanden hat, ragt aus dem Flusstal heraus. Oben auf dem Berg stehen zwei große Linden. Der Hakelmann-Bach mündet in den Fluss, und der umrundet den Burgberg. So ist die Lage.

Ich bin bisher noch nicht oft dagewesen, weil keiner hierhin mitkommt. Der Dschungel im Süden des Dorfes, der Kiesteich im Osten oder der Wald im Westen liegen uns in der Regel näher.

Silvie fährt auf den Fuß des Burgberges zu, in Richtung der Stelle, die dem Flussufer am nächsten ist. Hacki rennt in gestrecktem Galopp neben ihr her, und seine Zunge hängt flatternd aus seinem Maul. Für einen Augenblick genieße ich die warme Luft, Silvies Anblick vor mir und Hackis gleichmäßiges Luftholen, das in der Stille der immer heißer werdenden Landschaft laut wahrnehmbar ist. Einen Augenblick lang vergesse ich alles Bedrückende der letzten Tage, und so geht es Silvie offenbar auch. Ihre Haare wehen im Gegenwind, und ihre Geschwindigkeit wird immer größer, je mehr wir uns dem Ziel nähern.

Dann springt sie plötzlich ab, lässt das Rad noch ein paar Meter weitertrudeln, bis es ins tiefe Gras fällt. Das ist ein Kunststück, das ich mir lieber nicht zutraue. Ich sitze ab und folge ihr, die mit Hacki zusammen schon das Ufer des Flusses erreicht hat. Plötzlich sind beide aus meinen Augen verschwunden. Nur Silvies ‚Platz' und Hackis zufriedenes Knurren lässt mich ahnen, wo sie sind.

Diese Stelle ist ein Prallhang des Flusses. Die Strömung eines Flusses nagt ständig an dem Ufer, auf das sie in einer Kurve aufprallt. Schräg gegenüber aber lagert sie Material, das sie abgefressen hat, am Gleithang wieder ab. Prallhänge sind deshalb oft kurz vor dem Einstürzen, und man muss sich etwas vorsehen, wenn man auf ihnen entlang läuft.

Hier am Prallhang ist das Besondere, dass der Fluss versucht, sich alte Schlehenbüsche zu holen. Die machen dabei aber nicht so einfach mit und krallen sich im Boden fest. Zwischen zweien dieser Schlehenbüsche ist der Fluss erfolgreicher gewesen und hat so einen stillen Bereich geschaffen, sozusagen einen kleinen Hafen, in dem sich flaches Wasser langsam dreht und von der Sonne angewärmt werden kann. Oberhalb des recht winzigen Wirbels steigt das Ufer für ein paar Meter sanft an und ist mit weichem Gras bestanden. Ein wunderbarer, dem Ortsunkundigen verborgen bleibender Platz. Ich bin begeistert.

Silvie liegt im Ufergras und hat die Füße im Wasser. Hacki hat die Vorderbeine im Uferschlamm und schlabbert sich mit seiner Zunge literweise Wasser rein.

„Stark!" sage ich zu Silvie, als ich mich neben sie lege und gemeinsam mit ihr in den blauen Himmel blinzele. Silvie freut sich, dass es mir hier gefällt und schließt die Augen. Ich betrachte sie und sehe, dass ihre Wange jetzt gelb wird. Die Wut der letzten Tage steigt wieder in mir auf. Sie wird nur besänftigt durch die friedliche Ausstrahlung dieses ruhigen Ortes und die sanften Züge dieses wunderschönen Mädchens, das den Augenblick der Ruhe und Stille genießt. Alles Böse verfliegt in die Ferne, und so tue ich es ihr nach, lege mich zurück neben sie und schließe die Augen.

Der Fluss murmelt ganz leise und manchmal hört man das Plätschern von springenden Fischen.

‚Forellen', denke ich. Oder Barsche? Oder Döbel! Vielleicht Döbel.

Insekten krabbeln, springen, fliegen vorbei; es summt, brummt, knispelt. Ich liebe diese leisen Geräusche, dieses Leben überall.

Silvie bricht das Schweigen.

„Spürst du es auch?"

„Was denn?"

„Dass wir in diesem Augenblick dazu gehören?"

Ich glaube, ich verstehe, was sie meint. „Dazu gehören?" frage ich trotzdem.

„Meine Oma hat mir erzählt, dass die Menschen, wie alle anderen Geschöpfe, aus vier Elementen gemacht sind: aus Wasser, Erde, Luft und Feuer. Alle Lebewesen unterscheiden sich nur in ihren Anteilen an diesen Elementen."

„Die ersten drei gehen klar; aber Feuer?" zweifele ich.

Statt langer Erklärungen legt sie mir ihre Hand auf die Wange. Ich spüre nicht nur ihre Wärme, sondern auch meine eigene Hitze, während ich erröte.

„Ok, ich glaub's!"

Ich halte einen Moment lang ihre Hand mit meiner auf meiner Wange fest.

„Deshalb bin ich gerne hier: man fühlt die Erde, das Wasser und die Luft. Heute auch das Feuer, weil die Sonne so schön scheint. Hier ist mein magischer Ort."

Manchmal glaube ich, dass Hacki uns versteht. Denn gerade, als ich mich zu Silvie aufrichte und sie anblicke, hebt Hacki seinen Kopf. Beide schauen wir sie fragend an:

„Magischer Ort?"

„Ja. Meine Oma sagte immer, jeder Mensch habe seinen persönlichen, magischen Ort. Das ist ein Ort, an dem man sich so wohl fühlt, dass man weiß, dass einem dort nichts geschehen kann. Für mich ist dieser Ort hier, wo ich alle Elemente spüren kann. Und weil ich weiß, dass sie ein Teil von mir sind, bin ich auch ein Teil von ihnen. Das macht mich zufrieden und ich vergesse alles, was schlimm ist in meinem Leben…"

„Was bist du für ein wunderbares Mädchen, Silvie.

Onkel Benno sagt immer, man müsse darauf achten, ob die Schönheit eines Menschen auch von innen komme und nicht nur von außen blende. Ich verstehe jetzt, was er meint. Wie saustark, dich zur Freundin haben zu dürfen."

Ich habe gerade wieder die Augen geschlossen, um darüber nachzudenken, was Silvie gesagt hat, habe gerade meine Arme hinter dem Kopf verschränkt und meine Füße in den Fluss gestreckt, habe gerade noch gehört, wie Hacki wieder seinen Kopf auf die Vorderbeine gelegt hat und wie er tief seufzt, da geschieht etwas Unfassbares, das ich wohl mein Leben lang nicht wieder vergessen werde: ein großer Schatten gleitet heran, und direkt über unseren Köpfen landet der mächtige Seeadler auf einem der stärkeren Zweige der Schlehenbüsche. Die Schlehen beginnen, unter seinem Gewicht zu schwanken, sodass der große Vogel erst hin und her balancieren muss, um überhaupt dort sitzen bleiben zu können. Endlich haben seine starken Krallen genügend Zweige zusammengefasst. Er reißt seinen starken, gebogenen Schnabel kurz auf, als müsste er gähnen, dann wird es wieder still über uns.

Er sitzt keine zwei Meter von uns entfernt.

Wir halten die Luft an, weil wir glauben, er hätte uns vielleicht nicht bemerkt. Weil wir so regungslos sind, bleibt auch Hacki still liegen, obwohl es ihm sichtlich schwer fällt.

Doch wie hätte der Greif uns übersehen können? Er blickt zu uns herab. Er mustert uns unverwandt in aller Seelenruhe. Er blickt Augenblicke lang in die Ferne, reckt seinen Hals und lässt seinen kehligen Schrei ertönen.

Wir sind platt, denn so etwas Schönes haben wir noch nie erlebt und solche Kraft noch nie gespürt.

Hacki allerdings springt entsetzt auf und kläfft aufgeregt. Selbst in diesem Moment bleibt der Adler ruhig und unbeeindruckt. Er sieht Silvie und mich an, schreit erneut, scheint uns zuzunicken, breitet seine großen Schwingen aus und stößt sich von den Zweigen ab.

Ohne einen Flügelschlag gleitet er hinunter zur Wasseroberfläche des Flusses, gewinnt wieder an Höhe und gelangt in den warmen Aufwind am Burgberg. Bald hat er sich nach oben geschraubt und ist nur noch ein kleiner Fleck am Himmel.

„Mein Gott…" stammele ich und kann immer noch nicht fassen, was geschehen ist.

„Mein magischer Ort…" lächelt Silvie, und ihre Augen glänzen wie eben noch die Augen des Adlers.

Hacki hat wieder aufgehört zu bellen und ist stolz, weil er den Raubvogel verscheucht zu haben glaubt. Und natürlich wird er dafür gelobt.

Plötzlich weiß ich, wo mein magischer Ort ist: „Es ist eine riesige, alte Eiche im Wald im Westen unseres Dorfes. Als ich noch alleine ohne dich unterwegs war, bin ich oft dort gewesen. Ihr Stamm ist so dick, dass wir sechs Leute bräuchten, um sie zu umfassen. Ihre Rinde ist mit groben Knoten übersät, aus denen Bündel dünner Zweige starren. Über sie kann man hinauf klettern bis in die Krone. Die aber ist höher als die aller anderen Bäume, und man kann bis hinüber über das Dorf, fast bis zum Kiesteich blicken. Drei ihrer Äste entwachsen dem Stamm an seiner höchsten Stelle. Dort kann man sich hinlegen und ist dem Himmel so nahe wie beim Orgelspiel von Lars."

„So wie ich ein Wasserwesen bin, bist du ein Luftwesen."

Silvie hat mir aufmerksam zugehört und nimmt meine Hand.

„Der Seeadler soll unser gemeinsames Totemtier sein" beschließt sie und fügt hinzu: „Er verbindet Wasser und Luft."

Mein Gott, mein Gott, sie ist meine verloren gegangene Hälfte, ich spüre es bei allem, was zwischen uns geschieht. Ich lasse ihre Hand nicht mehr los, bin total aufgeregt und antworte ihr: „Ich möchte, dass wir in das Herz des anderen zurückkehren, wie es im Paradies einmal war." Ihr Lächeln verrät mir, dass wir da eigentlich schon sind. Ich fahre aber fort: „Wir müssen unser Blut vermischen, wie die Indianer Blutsbrüder geworden sind."

Da sieht sie mich nur noch mit ihrem sanften und ruhigen Blick an, bei dem ich nicht weiß, ob ‚wilde' Silvie wirklich richtig gewählt ist.

Ich hole mein Taschenmesser heraus, öffne es und

umfasse die scharfe Schneide fest mit der linken Hand, weil die vom Herzen kommt. Mit der Rechten ziehe ich das Messer aus der Faust und spüre, wie sich das Innere feucht und warm anfüllt. Silvie zögert ebenfalls keinen Moment und macht mir alles nach. Ohne unsere Augen voneinander zu lassen, schließen wir die linken Hände umeinander und fühlen, wie sich unser Blut vermischt und einer in das Herz des anderen einzieht.

Aufruhr

Wir sind gerade mit einigen Leuten beim Murmel-Kitschern, und Silvie und ich haben einen richtigen Lauf. Die anderen sind sauer, weil wir nach jedem Spiel die Kugeln austauschen, so dass keiner von uns rausfliegen kann. Auch wenn eine Kugel des anderen direkt am Loch liegt, versuchen wir so zu treffen, dass die eigene oder die des anderen hinein rollt. „Wir sind eben ein Team", rechtfertigen wir das lachend vor den anderen, die keine richtige Chance haben, wenn sie nur zu ihrem eigenen Nutzen spielen. Nur gemeinsam ist man unschlagbar. Müssen noch viel lernen, die Typen. Bis dahin kassieren wir eben ihre Kugeln ein. Silvie hat von einem der Streber sogar eine Fünfer gewonnen. In ihrem Inneren sieht man goldene Wolken glänzen, die sich wie im Sturm wölben, wenn man die Kugel in der Sonne dreht.

Da platzt plötzlich die schrille Silly mitten ins Spiel und es gibt Aufruhr. Die schrille Silly hat eine unglaublich hohe und kreischende Stimme. Deshalb klingt ihre Nachricht besonders alarmierend: der starke Uwe habe seine Leute zusammengezogen und sei mit ihnen Richtung Dschungel ausgerückt. Nun würden sie die Auenwälder durchkämmen und unsere Baumhütten suchen. Hätten sie eine gefunden, würde sie zerstört.

Das ist ein Tabu-Bruch. Denn bislang haben wir das mit den Baumhütten der anderen Gruppen nie gemacht, weil es so schwer ist, welche anzulegen. Es ist deshalb nicht verwunderlich, dass alle so aufgebracht sind. Die Ausrufe gehen hin und her und schaukeln sich immer mehr auf: „Das lassen wir uns nicht gefallen!" „Das wird ihnen noch leidtun!" „Wir zerstören ihre Hütten hinter dem Kiesteich ebenfalls!" „Wir nehmen den starken Uwe gefangen und binden ihn über Nacht an den Bullenbaum!" „Wir jagen sie mit unseren Steinschleudern aus dem Dschungel hinaus!"

„Hört auf!" „Schluss damit!" rufen Silvie und der krasse Bernd zeitgleich.

Der krasse Bernd fährt fort: „Es hat noch niemandem genützt, Gleiches mit Gleichem zu vergelten. Was haben wir für einen Nutzen davon, wenn die anderen auch zerstörte Hütten haben? Dann kann in Zukunft niemand mehr in Ruhe im Dschungel sein, weil er immer Übergriffe der anderen fürchten muss!"

„Aber unsere Hütten sind kaputt und diese Sauerei muss bestraft werden!" schreien einige, noch immer furchtbar wütend.

Silvie hebt die Hand und bedeutet allen zu schweigen, damit sie etwas sagen kann. „Wir müssen herausfinden, warum sie die Hütten zerstören. Wenn wir das wissen, können wir verhandeln!"

„Verhandeln? Ist doch klar, dass die alles platt machen, weil sie glauben, die Stärkeren zu sein. Es ist der starke Uwe, der ihnen das alles aufträgt."

„Aber wenn wirklich nur der eine Schuld hat, warum sollten wir dann keinen Weg finden, mit ihm durch Verhandlungen fertig zu werden?" Silvies Stimme bebt vor Erregung. „Ich bin gegen Gewalt und Zerstörung."

„Du hast hier aber nichts zu sagen", ruft einer. Alle schauen auf den krassen Bernd.

Der krasse Bernd guckt von einem zum anderen und bestimmt: „Wir sehen uns erst einmal an, wie groß der Schaden ist. Wir gehen in zwei Gruppen zu viert. Eine Gruppe geht am östlichen, eine am westlichen Ufer entlang. Bei Berührung mit dem starken Uwe zieht ihr euch zurück und lasst euch nicht herausfordern. Wir treffen uns an der schwarzen Brücke und beraten dort erneut. So soll es geschehen."

Alle nicken, packen die Murmeln in ihre Verstecke, holen ihre Fahrräder und warten auf das Zeichen zum Aufbruch.

Natürlich bleiben Silvie und ich zusammen. „Übernehmt ihr die zweite Gruppe?" fragt uns der krasse Bernd, und wir stimmen zu.

Zu uns in den Suchtrupp gesellt sich noch das Neele. „Willst du nicht beim krassen Bernd mitgehen?" fragt der vierte im Bunde, der graue Lukas. „Nee!" sagt das Neele und schüttelt entschieden den Kopf. Mann, oh, Mann, unsere Schlagkraft ist, sagen wir mal, mittel. Immerhin haben wir noch Hacki den Hund dabei. Aber bei Berührung ist ja ohnehin Rückzug angesagt.

Alle springen auf die Räder und es geht los.

Wir nehmen das östliche Ufer, weil dort ja auch unsere Baumhütte steht. Auf der Fahrt zum Fluss hinunter stelle ich mir vor, der Bernhard hätte den starken Uwe zu unserer Hütte geführt und mitgeholfen, sie zu zerstören. Das macht mich nicht wütend, aber traurig. Bernhard und ich waren eben immer Freunde, und ich wollte, ich könnte ihn irgendwie wieder für uns gewinnen.

Wir verstecken die Fahrräder, so gut es geht, unter Gestrüpp. Wir laufen hintereinander - ich voran, dann Silvie, der graue Lukas und ganz hinten das Neele – auf dem einzigen Trampelpfad in den Dschungel hinein, zwangsläufig in Richtung unserer Weidenhütte.

Der Dschungel heißt so, weil er tatsächlich einer ist: hohe Bäume bewachsen das Ufer des Flusses, und ein Auwald erstreckt sich bis zu einer einige Meter hohen Böschung. Die Böschung begrenzt den Fluss. Wenn er mal über die Ufer tritt, weil Schnee im Gebirge schmilzt oder es einfach so mal ordentlich regnet, erreicht er die Böschung, kann sie aber meistens nicht überfluten. Der ganze Auwald steht dann unter Wasser. Wenn er wieder ins Flussbett zurückkehrt, hinterlässt er Sümpfe und Morast.

Die Pflanzen finden das gut. Alles ist irre dicht zugewachsen. Kletterpflanzen ranken sich in die Bäume hinauf und lassen sie unter ihrer Last zusammenbrechen. Lianen hängen von oben herab. Meterhohe

Brennnesselfelder machen das Durchkommen schwer. Es ist immer feucht hier. Heute sogar heiß und schwül. Bei solchem Wetter freuen sich die Mücken. In Schwärmen fallen sie über alle her, die sich in den Dschungel wagen. Etwas später im Jahr kommen sogar noch Blutegel dazu. Heh, ich übertreibe kein bisschen, ehrlich. Es ist ein Mörder-Klima hier, verdammtnocheins.

So leise wir auch versuchen zu sein: wir fluchen lautstark über die Mosquitos, die unsere bloßen Beine, die Arme, das Gesicht sirrend anfliegen und durchlöchern, die sich gierig die schönsten Stellen aussuchen, die lecker verschwitzt sind, und sich über uns hermachen in einem wilden Blutrausch. Na, und auch das Klatschen, wenn wir sie erlegen, kündigt jedem, der im Dschungel untergetaucht ist, unser Kommen an.

Das Neele will nach Hause, doch wir sagen „Nee!" Fast an unserer Hütte angelangt, verzweigt sich der Trampelpfad, hinein in ein Brennnesselfeld.

Die Gabelung ist neu.

„Wartet hier!"

Ich laufe zur Hütte und sehe sie völlig unversehrt.

„Der brave Bernhard muss die Bande von unserer Hütte weggelockt haben", freue ich mich und bin stolz auf ihn. „Er ist nach wie vor unser Freund."

„Wenn es wirklich so war…" wendet der graue Lukas zweifelnd ein. „Bestimmt", hoffe ich weiter.

Zwei andere Hütten sind völlig auseinander genommen.

Vom starken Uwe und seiner Bande gibt es keine Spur.

„Silvie gib mal bitte dem krassen Bernd ein Signal, dass alles in Ordnung ist."

Wir haben verabredet, ab und zu zweimal ‚Fasanenschrei' kurz zu geben. Das macht Silvie mit einem Blatt zwischen beiden Daumen hervorragend. Wir sind offensichtlich schon weiter als die andere Gruppe, weil die Antwort von drüben weiter nördlich kommt.

Leiser als zuvor schleichen wir weiter, weil man sich an die blutrünstigen Biester gewöhnt. Plötzlich prescht Hacki der Hund voran und bleibt bellend vor einem Busch stehen. Da er aber wedelnd und mit aufgestellten Ohren freundlich kläfft, schwant mir schon, wer in dem Busch steckt.

„Komm heraus, Bernhard!" rufe ich. „Hacki und wir alle freuen sich, dich zu sehen!"

Tatsächlich tritt Bernhard aus dem Dickicht. Er sieht uns verschämt an und weiß nicht, was er sagen soll.

„Hab vielen Dank, dass du dafür gesorgt hast, dass unsere Hütte heil geblieben ist."

Ich lege ihm meinen Arm um die Schulter. Kommt mir so naheliegend vor.

„Ihr seid nicht sauer?" Bernhard findet seine Stimme wieder.

Silvie tritt an ihn heran, legt ihm ihren Arm von der

anderen Seite auf die Schulter und sagt: „Du bist immer unser Freund geblieben, treuer Bernhard. Du hast dir diesen Namen verdient."

Über Bernhards Gesicht geht ein solches Strahlen, dass das Neele in die Hände klatscht und kopfschüttelnd „Nee, nee, nee!" ruft.

Jetzt hat sich die Lage natürlich maßgeblich geändert. Wir sind nicht nur zu fünft, sondern wir erfahren, dass der starke Uwe gar nicht mit seiner Bande in den Dschungel gezogen ist, sondern allein. „Er hatte eine solche Wut auf uns, dass er alleine die Hütten kaputt machen wollte." Bernhard hatte ihn verfolgt, gefunden und von unserer Hütte abgelenkt. Dann hatte der starke Uwe ihn aber wieder weggeschickt, weil er sein Gequatsche nicht mehr hören wollte, wie er sagte. Bernhard wolle ihn nur von seinem Vorhaben abbringen.

„Wo er jetzt ist, weiß ich auch nicht", sagt Bernhard.

„Gut, ist auch egal. Wir gehen weiter, weil wir uns an der schwarzen Brücke mit dem krassen Bernd treffen wollen. Silvie, gibst du bitte mal Fasanenschrei einmal kurz und einmal lang?"

Zweimal Fasanenschrei kurz kommt zurück. ‚Verstanden', heißt das.

Kurz darauf knacken Zweige am gegenüber liegenden Ufer, und der krasse Bernd taucht auf. Wir berichten kurz von den neuen Entwicklungen und beschließen weiter zu gehen, wie geplant. Treffpunkt schwarze Brücke. Schon ist Bernd wieder vom grünen Dickicht verschluckt.

Wir machen es uns jetzt einfach. Wir haben Hacki, den unvergleichlichen Spürhund. Bernhard führt Hacki zu einer Spur, die garantiert vom starken Uwe stammt, und bedeutet ihm, daran zu schnüffeln. „Such! Braver Hund! Such!" Oje, bis der mal begriffen hat, was wir von ihm erwarten! Dabei können wir selbst schon fast den Schweiß vom starken Uwe riechen!

Aber als Hacki es mal geschnallt hat, kläfft er noch einmal kurz, rennt dann mit der Nase auf dem Boden los und wir hinterher.

Eine wilde Verfolgungsjagd beginnt. Hacki ist durch sein dickes Fell geschützt und flitzt durch scharfe Gräser, dornige Ranken, klebrige Kletten einfach so hindurch. Wir aber stürmen hinterher und reißen uns immerzu die Haut auf, sind bald über und über besät mit Samen und anheftenden Blattstücken, Schlamm und Spinnweben.

Das Neele kreischt, sie wolle nicht mehr! Bernhard und der graue Lukas rufen: „Lauft weiter! Wir bleiben bei ihr und kommen etwas langsamer nach!"

Silvie und ich legen noch einen Zahn zu und versuchen, an Hackis Fersen zu bleiben. Plötzlich wird es heller, und wir erreichen den Waldrand des Dschungels.

Vor uns liegt die Karpfen-Wiese, die mit hohen

Gräsern und bunten Blumen bewachsen ist. An manchen Stellen ist der Bewuchs so hoch, dass man darin eintauchen und verschwinden kann. Wenn sie überschwemmt ist, kann man hier Karpfen mit der Hand fangen. Ernsthaft.

Wir halten an und schauen uns um. Am anderen Ende der Wiese sieht man am südlichen Horizont die schwarze Brücke.

Die schwarze Brücke ist eine lange, schwarze Eisenbrücke über den Fluss. Ein einziges Bahngleis führt hinüber auf das andere Ufer. Natürlich ist uns das Überqueren der Brücke streng verboten. Weil das Gleis vor und hinter der Brücke in eine scharfe Kurve eintritt, kann man nicht sehen, wann ein Zug kommt.

Vom starken Uwe sieht man nichts. Nur Hacki scheint seine Spur noch verfolgen zu können. Er springt jetzt wie ein schwarz-weißes Reh in großen Sätzen durch die hohen Gräser. Plötzlich bellt er, beginnt zu knurren und hechtet sich nach rechts über einen Brennnesselbusch auf sein Opfer.

Der starke Uwe brüllt auf, springt hoch und wehrt Hacki mit Fußtritten ab. Ich pfeife Hacki zurück. Er lässt Uwe tatsächlich sofort los. Uwe dreht sich, wie von tausend Hummeln gestochen, um und rennt auf die schwarze Brücke zu, um uns zu entkommen.

„Tja, armer Uwe; da wartet der krasse Bernd auf dich", sagt Silvie wie zu sich selbst.

„Glaubst du, er will hinüber?" Ich bin ziemlich entsetzt. Denn am Nachmittag kommen viele Güterzüge von den Bergwerken im Gebirge herunter. „Ich denke schon, so wie der sich verhält." Silvie hält eine Hand über ihre Augen und späht hinter Uwe her.

„Wir müssen sofort los und ihn warnen, Silvie. Er läuft sonst in einen Zug!" Ich bin echt nervös deswegen und dränge zur Eile.

Hacki ist inzwischen zurück, doch wir rennen schon hinter Uwe her, bevor Hacki noch richtig gelobt werden kann. Macht ihm aber nichts. Er wendet sich kurzerhand um und nimmt die Jagd auch wieder auf.

Schon bald hat der starke Uwe uns entdeckt. Wir schreien aus Leibeskräften, er solle stehen bleiben! Wir rufen, ein Zug werde gleich kommen! Doch Uwe hat ganz offenbar Angst vor Hacki dem Hund und rennt weiter. Schon hat er fast die schwarze Brücke erreicht.

Wir holen auf und sind fast bei ihm, da klettert er die Böschung zum Bahngleis hinauf. Vielleicht glaubt er, dass wir uns nicht trauen, ihm dorthin zu folgen. Schon ist er auf der schwarzen Brücke und geht langsam, Schritt für Schritt über die Schwellen Richtung Brückenmitte.

Die schwarze Brücke ist eine wirklich gefährliche Brücke, kann ich Dir sagen. Nicht nur wegen der unvermutet heranrasenden Güterzüge. Sie ist eine reine Eisenbahnbrücke, wenn Dir das was sagt: man soll sie gar nicht zu Fuß überqueren können. Zwischen den Schwellen ist nichts. Man schaut einfach hinab bis zum Fluss. So an die fünf bis zehn Meter tief.

Da rutscht Dein Herz in die Hose, wie man so sagt, glaub´s mir.

Da wird der Schritt langsam, und Du bist fest überzeugt, dass der Hakelmann nach Dir greift, Pech und Schwefel.

Rechts und links ist nur ein sehr flaches Geländer. Nichts zum Festhalten. Der Fluss ist hier auch noch besonders breit und tief, weil eine Staustufe unterhalb der Wiese ihn regeln, Überschwemmungen auf die Wiese umleiten und vom Dorf fernhalten soll. Armer Uwe.

Silvie ist jetzt ebenfalls schon die Böschung hochgeklettert, ich bin nahe hinter ihr. Der starke Uwe ist fast auf der Hälfte angekommen und wird immer langsamer.

Jetzt sehen wir, dass Uwe stehen bleibt und zum anderen Ufer schaut. Er hat den krassen Bernd und seine Truppe erkannt und erfasst seine aussichtslose Situation.

Da höre ich das feine Sirren der Schienen. Wer das einmal gehört hat, vergisst diesen Ton nicht wieder. Silvie hört ihn ebenfalls, und beide legen wir die Hand auf die Schienen. Ein Zug kommt unaufhaltsam herangebraust.

Ein letzter Warnruf: „Ein Zug, Uwe, runter vom Gleis!"

Doch Uwe lacht nur heiser und will es nicht glauben. Wohin soll er auch so schnell? Schnell schon gar nicht! Wenn er abstürzt, ersäuft er vor unseren Augen, der Nichtschwimmer!

Da startet Silvie durch. Sie springt, ehe ich sie noch halten kann, auf die erste Schwelle, schreit zurück, ich solle runter zum Fluss laufen, aber sofort! Nimmt zwei Schwellen auf einmal und kommt mit hoher Geschwindigkeit näher und näher an Uwe heran.

Das leise Singen der Gleise wird stärker, schon mischt sich ein feines Kreischen hinzu, als der Zug in die Kurve einfährt. Silvie eilt in weiten Sätzen voran. Uwe hat jetzt auch den Zug bemerkt, sieht Silvie auf sich zu jagen und verharrt wie das Kaninchen vor der Schlange, ohne sich zu bewegen.

Der Zug kommt um die Kurve. Der Zugführer sieht die beiden auf der Brücke und weiß, dass er nicht mehr bremsen kann. Alles, was er tun kann, ist, schrillende Pfeifsignale zu geben.

Mir ist der Schreck so in die Glieder gefahren, dass ich nicht mehr denken kann. Ich sehe nur noch meine Silvie, die dem pfeifenden, quietschenden, lärmenden Zug entgegen rennt, jetzt bei Uwe angekommen ist, ihn mit einem einzigen Ruck am Arm von der Brücke reißt und selbst in die Tiefe springt, während der Zug donnernd über die Schwellen rast, auf denen die beiden eben noch gestanden haben, und dann ratternd hinter der nächsten Kurve verschwindet.

Uwe und Silvie fliegen im freien Fall nach unten; Uwe schreit grauenhaft vor Angst, weil das Wasser auf ihn zustürzt. Es platscht ein erstes Mal, als Uwe eintaucht und ein zweites Mal, als Silvie ihm folgt. Beide verschwinden unter die Wasseroberfläche und ich halte den Atem an vor Angst, sie könnten nicht wieder auftauchen.

Endlich begreife ich, warum ich runter zum Fluss laufen sollte und haste hinunter ans Ufer. Bernhard, das Neele und der graue Lukas haben alles beobachtet und sind nur wenige Sekunden nach mir am Wasser. Der krasse Bernd und seine Truppe stehen am gegenüberliegenden Ufer bereit.

Da taucht Silvie wieder auf und schöpft so laut nach Atem, dass wir es bis hierhin hören können. Sie hat Uwe am Hemd gepackt, und es gelingt ihr, seinen Kopf über die Wasseroberfläche zu hieven. Er schreit und strampelt wie verrückt, doch bekommt auch er Luft. Ich gebe dem Neele meine Brille und bin auch im Wasser.

„Lasst euch treiben!" schreie ich. „Vorn am Wehr wird es flacher!"

Bernd ist im Wasser, Bernhard ebenfalls. Silvie bleibt bei Uwe, bemüht sich, seinen Kopf hoch über die Wasseroberfläche zu halten, kämpft aber nicht mehr gegen die Strömung. Bernd, Bernhard und ich kraulen in Richtung Wehr, finden im Schlamm Boden unter den Füßen, und fangen die Treibenden schließlich ab. Gemeinsam ziehen wir Uwe, der noch nach Luft ringt, an unser Ufer, weil der Weg zum Dorf dort entlang kürzer ist.

Silvie keucht, Uwe japst, wir drei lachen uns an. Lage entschärft und unter Kontrolle.

Ich nehme Silvie in den Arm und drücke sie so fest, dass sie erneut Luftnot bekommt. „Wilde Silvie", sage ich ihr ins Ohr, „Du hast dem Hornochsen den Hintern gerettet."

Die Leute vom krassen Bernd kommen am Wehr entlang zu uns hinüber. Nur noch das Neele und der graue Lukas sind trocken. Wir anderen starren vor Schmutz und Dreck, doch sind super glücklich über den Ausgang dieser Geschichte. „Wilde Silvie. Guter Name", sagt der krasse Bernd, der gehört hat, wie ich Silvie genannt habe. „Nimmst du diesen Namen an?" Silvie wischt sich die nassen Haare aus der Stirn und antwortet: „Wenn ihr meint?" „Wilde Silvie!" rufen alle und klatschen ihre Hände auf ihre Oberschenkel.

„Interessiert es euch, mit welcher Geschwindigkeit ihr unten aufgeschlagen seid?" fragt der graue Lukas. „Das macht 9,81 mal…" „Nein! Lukas, das interessiert uns, verdammt noch mal kein bisschen!" bremst ihn die wilde Silvie und lacht jetzt auch schon wieder.

Wir stehen vielleicht geschlagene zehn Minuten um den starken Uwe herum, der noch Wasser aushusten muss, bevor er wieder aufstehen kann.

Als er sich erholt hat, sieht er sich um, bis er meine Silvie entdeckt hat. Er baut sich mit all seiner Größe und Körperfülle vor ihr auf und blickt sie eine Ewigkeit an. Sie weicht ihm nicht aus, sondern erwidert seinen Blick stumm.

Endlich streckt der starke Uwe der wilden Silvie seine Pranke hin und als sie sie annimmt, spricht er mit fester und feierlicher Stimme: „Danke, wilde Silvie."

Zu uns anderen gewendet sagt er: „Ich möchte, dass alle in zwei Stunden auf dem Kirchhof zusammen kommen. Ich werde auch alle meine Leute mitbringen."

Als er die verdutzten Blicke aller sieht, die nicht wissen, was das werden soll, fügt er fast freundlich hinzu: „Bitte."

Der krasse Bernd nickt, alle anderen nicken auch. Uwe wendet sich um und marschiert Richtung Dorf davon.

Wir anderen feiern unsere Silvie und ihre Heldentat noch einmal in jeder Einzelheit und trollen uns dann durch den Dschungel zu unseren Fahrrädern.

Frieden

Ziemlich genau zwei Stunden später haben wir alle Leute zusammengetrommelt und finden uns auf dem Kirchhof ein. Wir sind gespannt, was Uwe vorhat. Der Kirchhof ist jedenfalls Niemandsland, sodass wir eigentlich keine fiesen Geschichten erwarten. Aber war er es nicht, der mit der Zerstörung unserer Hütten Tabus überschritten hatte?

Der starke Uwe kommt mit allen seinen Leuten. Beide Gruppen stehen sich, einige von uns noch immer verdreckt, mit verschränkten Armen gegenüber und alle starren einander an. Keiner gibt auch nur einen Ton von sich. Manche wissen noch nicht einmal, was heute Nachmittag geschehen ist. Keiner lächelt, alle schauen grimmig. Mann, oh, Mann.

Da macht Uwe drei Schritte aus seiner Truppe heraus und bittet Silvie mit einer einladenden Geste ebenfalls in die Mitte.

Uwe baut sich mit voller Größe auf, reckt sein Kinn empor und tönt mit feierlicher Stimme: „Hört mir alle zu. Ich bin der starke Uwe und ich sage euch alles nur dieses eine Mal." Er steigert die Spannung mit einer winzigen Pause, in der mindestens die Hälfte seiner Zuhörer die Augenbrauen fragend hochzieht. Uwe legt eine Hand auf Silvies Schulter und fährt fort: „Dieses Mädchen ist das tapferste Mädchen, das ich je erlebt habe. Sie hat mir zweimal das Leben gerettet, obwohl sie dabei ihr eigenes in Gefahr gebracht hat." Wieder macht er eine Pause, lässt seine Hand von Silvies Schulter sinken und zeigt mit der anderen am ausgestreckten Arm in die Runde seiner eigenen Leute. „Niemals wieder soll einer schlecht über sie sprechen! Niemals wieder soll einer über sie Gerüchte verbreiten, sie hänseln oder auch nur über sie lachen!" Jetzt gucken seine Leute aber doch verdutzt auf ihren Anführer. Aber wir sind nicht weniger überrascht: wir lassen unsere Arme sinken, schauen uns gegenseitig an und hinüber zu Uwe. Was wird das noch werden, fragen unsere Blicke?

„Ich bin der starke Uwe und ich bitte dich, wilde Silvie, um Entschuldigung für alles, was ich oder einer von uns dir angetan hat."

Silvie nickt knapp, streckt dem starken Uwe die Hand entgegen und sagt: „Entschuldigt." Da schlägt der starke Uwe ein und ist sichtlich erleichtert, dass alles so verlaufen ist, wie er es gehofft hat.

Aber schon wendet er sich an den krassen Bernd und bittet ihn auch in die Mitte.

„Krasser Bernd, ich biete dir an, alles Gegeneinander einzustellen: wenn du zustimmst, werde ich meine Leute bitten, mir darin zu folgen. Tun sie das nicht, müssen sie sich einen anderen Hauptmann suchen."

„Ich nehme das Angebot gerne an, starker Uwe."

Der starke Uwe wendet sich an seine Leute. Doch die nicken bereits alle zustimmend und klatschen mit ihren linken Händen auf ihre Oberschenkel. Uwe bleibt ihr Anführer.

„Also sagen wir, der starke Uwe und der krasse Bernd, dass wir die Bande des anderen respektieren, aber die Gebiete für alle im Dorf öffnen. Jeder kann hingehen, wohin er will, ohne die anderen fürchten zu müssen."

„So soll es sein, starker Uwe."

Uwe und Bernd reichen sich die Hände, und so ist es beschlossen.

Das Neele scheint als einzige die historische Bedeutung der Stunde erkannt zu haben, und fängt an zu klatschen. Alle stimmen ein und rufen ihren Anführern zu, dass es so sein soll wie beschlossen. Und tatsächlich geschieht das so Unglaubliche: beide Gruppen vermischen sich, umringen meine Silvie, und jeder einzelne von ihnen will die Geschichte von Uwes Verfolgung und Rettung wieder und wieder hören und ihr auf die Schulter klopfen.

Der ganze vereinigte Haufen zieht lärmend vom Kirchberg hinunter, und je weiter er sich dem Fluss nähert und in die Nähe der Bahnlinie kommt, um so mehr Grüppchen spalten sich ab, um ihren Weg nach Hause einzuschlagen.

Zu acht trabt unsere Mannschaft bis zu unserer Bäckerei. „Kommt mit rein; wir erzählen meinem Vater, dass Frieden ist", lade ich die sieben ein. Es ist schon spät und Abendbrotzeit, doch wo soll mein Vater sonst sein als in der Backstube? So ist es denn auch.

Als er unsere aufgeregten Gesichter sieht, versucht er, durch das Stimmengewirr aller durchzusteigen und schlägt schließlich unvermittelt mit der flachen Hand so auf den Backtisch, dass Mehlstaub hochstäubt. „Das muss gefeiert werden!" ruft er uns über den Tisch gebeugt zu. Er richtet sich auf, in der rechten Hand ein Rollholz, und beginnt, wie ein Feldherr Anweisungen zu geben.

„Sohn, geh zur Oma vor und sag ihr, sie soll eine Leberwurst aus der Räucherkammer holen. Silvie, du holst neun Becher aus der Küche; du kennst dich ja aus. Bernd, du holst den Holundersirup aus dem Kühlschrank dort hinten. Uwe, du schleppst den großen Topf dort heran; aber nicht fallen lassen. Silly, du schiebst die beiden Brote dort kurz in den Ofen und bleibst dabei, bis sie warm sind. Marie, du hast sicher nichts dagegen, den Quark aus dem Keller zu holen…"

Marie?

Ja!

Das Neele heißt Marie.

„Nee!" sagt die Marie.

„Bernhard, schnapp dir das lange Messer und halte dich bereit, mit Silly das Brot aufzuschneiden; aber nicht die Finger!"

„Lukas? Hallo, mein Herr!" „Ja?"

„Geh bitte in den Garten und sammele Kräuter für den Quark; alle, die du finden kannst."

„Oh ja, ich hole kriechenden Günsel, Gundermann und Hühnerschwarm, Gänseblümchen, Löwenzahn und all die anderen Leckereien!" Zu sich selbst gewandt murmelt er weiter: „Aber wie hieß noch mal Kapuzinerkresse auf Lateinisch? Tropa…, Tropaol…, Dings. Verflixt, ich komme nicht drauf…"

„Raus mit dir in den Garten! Da kommt schon der Quark!"

Einer, der gar nicht gebraucht wird, der aber zu gern dabei gewesen wäre, es aber nicht darf, ist Hacki der Hund. Als er auch nur seinen Kopf in die Backstube steckt, fliegt ihm eine dicke Papierkugel um die Ohren. Er schmollt und verzieht sich zu seinen Freunden in den Schweinestall.

Was für ein Friedensgelage!

Wir stehen alle am Backtisch und schlemmen wie die Könige: kaltes Sprudelwasser mit Holundersirup, das ist schon köstlich. Aber heute darf jeder zur Feier des Tages mit einem großen Löffel in den Honigtopf tauchen und den vollen Löffel ablecken. Das ist der Hammer.

Dicke Scheiben warmes, nach Sauerteig duftendes Brot, Junge, Junge.

„Nicht so krumm, Bernhard!"

Fingerdick die Leberwurst, zwei Finger dick der Kräuterquark, verziert mit Blüten, die uns Lukas benennt: „Leicht scharf die gelb-rote Tropaeolum-Blüte, leicht süß die blauweiße Viola und fein aromatisch die gelbe des Fenchel." Er ist immer so stolz auf sein Wissen und, ehrlich, wir bewundern ihn für das, was er so alles weiß.

Zum Abschluss gibt es noch eine Überraschung: mein Vater ist Weltmeister im Krokant-Eis-Herstellen. Die, die sich den Löffel mit Honig bis jetzt aufgehoben haben und nun zusammen mit dem Krokanteis genießen, fallen fast um, weil sie die Augen schließen und „HmHmHm!" Richtung Himmel seufzen.

So etwas erlebt man nur im Frieden. Da bin ich mir sicher.

Frieden in unserem Dorf bedeutet: Murmeln werden auftauchen im Spiel, die wir bisher noch nie gesehen haben. Die Fahrt zum Badeteich wird nicht mehr so riskant sein, weil auf dem Weg dorthin keiner mehr Stunk machen wird. Außer den Knöll-Zwillingen wahrscheinlich, weil die einfach so dermaßen bescheuert sind, dass sie nicht checken, dass Frieden ist. Die Hütten, die wir bauen, werden wir gemeinsam zuende bauen. Wir werden die Hütten jenseits des Kiesteiches sehen, die wir noch nie besuchen konnten. Der Bullenbaum wird vielleicht das Ausflugsziel Nummer Eins. Früher hatte jeder Schiss, da mal angebunden zu werden. Alles wird einfach herrlich sein. Und für mich das Schönste: keiner wird mehr fies zu meiner Silvie sein. Und ich darf einfach sagen: „Meine wilde Silvie…" Und sie wird zu mir hinüberschauen und fragen: „Ja?"

Träumereien

Ausgerechnet in dieser Nacht habe ich einen schrecklichen Traum:

Ich kraxele wieder hinter Silvie die Böschung zur schwarzen Brücke empor. Sie rennt weit voraus auf den Bahngleisen, als der Zug kommt. Ich schreie stumm und schreie und schreie, weil ich Angst habe, dass sie überfahren wird. Der Zug bremst, auch ohne jedes Geräusch. Ich sehe Qualm aus dem Schornstein der Lokomotive aufsteigen. Knapp vor Silvie hält der Zug an und ich atme auf... Doch da öffnet sich die Tür der Lokomotive und eine Hand winkt Silvie zu einzusteigen. Sie klettert die Leiter hoch. Sie klettert die Leiter hoch! Silvie, klettere nicht die Leiter hoch! Nicht hoch! Nicht hoch!

Die Tür schlägt zu und die Lokomotive setzt sich mit dem Zug in Bewegung. Ich schreie erneut, jetzt, weil sie vor meinen Augen in den Zug eingestiegen ist und mit ihm in die Ferne entschwindet.

Ich fahre im Bett hoch und mir dämmert plötzlich, dass alles nur ein Traum gewesen sein könnte. Da hackt jemand von außen an mein Fenster, oben unter dem Dach. Als ich die Augen aufreiße, sehe ich, dass es schon hell ist. Auf dem Fensterbrett sitzt der Seeadler und schaut mich mit seinen scharfen Augen an: beeil dich! Wir müssen uns sputen! Sie enteilt uns!

Sein Kopf ruckt hin und her, dann springt er mit einem Satz herum, breitet seine Schwingen aus und fordert mich auf, mich auf seinen Rücken zu setzen. ‚Los, los‘ klingt sein Schrei in meinem Kopf. Vorsichtig ergreife ich seine Flügel oben am Hals, schließe erst ein Bein, dann das zweite um seinen gefiederten Körper. Während ich das tue, fühle ich, wie ich in ihm versinke, wie ich selbst zum Seeadler werde und aus seinen Augen blicke. Scharf wird meine Sicht, die eben noch so unscharf war ohne Brille.

Wir stürzen uns in die Häuserschlucht, ein Seeadlerschrei entringt sich meiner Kehle und schon schrauben wir uns, schraube ich mich in die aufgehende Sonne.

Vom Zug ist zunächst nichts zu sehen; doch je höher wir steigen, je weiter wir nach Norden fliegen, umso näher kommen wir ihm. Ich spüre das.

Endlich sehe ich den Rauch der Lokomotive aufsteigen. Mein Herz macht einen Sprung. Gleich ist es geschafft. Aber so sehr ich mich auch anstrenge, ich kann ihn nicht einholen.

Verzweiflung packt mich. Atemberaubende Sturzflüge bringen mich nicht näher. Flügelschläge bringen mich nicht heran. Der Zug dampft unerreichbar unten im Tal und mehr noch: er entschwindet vor meinen Augen.

Krieh, krieh, krieh, schreie ich Adler verzweifelt, bis ich endlich aufwache und atemlos den Wecker schrillen höre. Pech und Schwefel: hol mich der Hakelmann, wenn Träume Schäume sind. Bin ich jetzt raus aus diesem Traum?

Weil ich meine Klamotten neuerdings immer oben in meinem Zimmer habe, stolpere ich in die Unterhose, in die kurze Hose, werfe mir ein Hemd über und bin schon die Treppe hinunter. Die Kunden im Laden sind mir egal. Hacki spürt meine Aufregung, und beide verzichten wir aufs Frühstück. Ich schnappe mir noch meinen Jutesack für das Kaninchenfutter, das ich suchen muss, und mein Messer, dann sind wir draußen auf der Straße und jagen bis zur Kneipe hinter der Bahnlinie.

Auf der Rückseite des Hauses werfe ich nervös Steinchen gegen Silvies Fenster. Es tut sich aber auch gar nichts da oben, Mann. Das darf doch nicht wahr sein!

In diesem Augenblick öffnet sich die Eingangstür, und Silvie tritt in Begleitung einer Frau, die ich noch nicht kenne, heraus.

Meinen riesigen Seufzer der Erleichterung hören beide und fragen nach, was los ist. „Nichts", sage ich und freue mich wie nie zuvor, Silvie wiederzusehen.

„Du bist also der Freund von Silvie?" fragt die Frau. Ich weiß schon längst, dass es ihre Mutter ist. Wegen der Hautfarbe und so. Sie lächelt mich freundlich an und fügt hinzu: „Sie ist so fröhlich, seit sie dich kennt..." sagt sie und streicht mir über den Kopf.

Oh, nee, ej! Das geht ja gar nicht! Wenn wir das bei Hacki machen, ist das hoffentlich in Ordnung. Aber bei mir? Will sie mich als nächstes noch unter dem

Kinn kraulen? Hat die ein Glück, dass sie so nett ist. Nur deshalb reagiere ich nicht unwirsch. Kannst Du glauben.

„Gut, dann gehe ich allein einkaufen. Kommt nicht so spät zurück wie in den letzten Tagen, hört ihr?" Mit Blick auf Silvie fügt sie hinzu. „Du weißt, dein Vater kann das gar nicht leiden…"

„Nette Mutter."

Silvie nickt. „Was war denn?"

Ich berichte ihr von dem Traum und lasse nichts aus. Silvies Gesicht verdüstert sich und sie runzelt die Stirn. „Heißt hoffentlich nichts Schlechtes."

Sie blickt zum Himmel und fragt, ob wir zu ihrem magischen Ort fahren sollen. „Ich muss noch die Kaninchen füttern und vorher Löwenzahn suchen. Danach können wir los."

Natürlich hilft mir Silvie beim Futter suchen und schließlich beim Füttern. Gemeinsam geht eben alles schneller und macht auch mehr Spaß. Außerdem mögen die Kaninchen sie, schnuppern an ihren Händen und lassen sich streicheln. Hacki fängt schon an, ganz eifersüchtig zu fiepen, als er das sieht, und ich... Naja, du weißt schon.

Irgendwann sind wir beim Burgberg, liegen in der Sonne und über uns kreist der Seeadler.

„Meine Oma hat mir erzählt, es gäbe verschiedene Arten von Träumen. In manchen zeigt sich die Angst, die man tagsüber nicht zulassen möchte. In anderen findet man Bilder für das, was man sich wünscht", sinniert Silvie vor sich hin.

„Du hast eine weise Oma; was die alles weiß! Ich will immer mit dir zusammen sein, und im Traum hatte ich wirklich diese Angst, dass das eines Tages nicht mehr geht", antworte ich ihr. Es ist immer noch ein wenig komisch, ihr alles so direkt zu sagen. Aber ich werde weder rot dabei, noch findet sie es ungewöhnlich.

„Wir sind Blutsgeschwister, schon vergessen? Was immer mit uns geschieht, so werden wir stets in unseren Herzen vereinigt bleiben. Wie könnten wir also je wieder voneinander getrennt werden? Wie könnte man unser Blut wieder voneinander trennen?" fragt sie zurecht und streichelt mir den Kopf.

‚Hah, ihr Kaninchen! Geht doch!‘ freue ich mich innerlich.

„Lass uns nicht mehr davon sprechen, wovor wir Angst haben", Silvie schaut mich traurig an. „Es gibt so viel davon. Aber hier ist es so schön, und wir wollen lieber davon träumen, was wir uns wünschen, ja?"

Schon ist die Traurigkeit wieder verschwunden. Ich frage mich manchmal, wie sie das macht. Mit solch einem Vater zuhause könnte ich wahrscheinlich nicht so gute Laune behalten wie Silvie. Ich verschränke meine Arme hinter dem Kopf, strecke mich aus und schubse aus Versehen Hacki ins Wasser. Der prustet, schüttelt sich und wirft sich wieder in den Uferschlamm. Vielleicht ist er doch ein verkleidetes Schwein.

„Ich möchte einmal so vom Himmel herabstoßen wie unser Seeadler. Aber bis tief ins Wasser hinein. Das muss irre Spaß machen"; beginne ich.

„Klingt gut! Da bin ich dabei." Silvie blinzelt in die Sonne.

„Und was noch?"

„Ach, ich habe schon lange einen sehr unbescheidenen Traum: ich möchte einmal mit beiden Händen in Edelsteinen wühlen. Die Idee habe ich von Sindbad dem Seefahrer mitgenommen. Hast du den gelesen?"

„Klar. Der Traum ist abenteuerlich und wie sollte man ihn erfüllen? Da muss uns was einfallen, damit das klappt."

Die ganze Geschichte, die mir Onkel Benno erzählt hat, steigt in mir hoch; ich sehe den Vogel Roch über mir kreisen und sehe Onkel Benno, der sich die Taschen voller Klunkern steckt. Er hat davon das Haus bezahlt, in dem er wohnt. Sagt er. Wenn er es geschafft hat, warum nicht wir ebenso? Vor meinem Auge kreist aber schon nicht mehr der Vogel Roch, sondern gleiten Aasgeier durch die Lüfte und äugen gierig herab.

„Bisons", rufe ich aus. „Ich möchte Bisons sehen mit ihren dicken Rücken und starken Hörnern; wie sie grasend die Prärie durchstreifen und sich langsam vollfuttern."

„Da bin ich dabei!" freut sich Silvie und klatscht in die Hände.

„Kommst du mit nach Ceylon, um uns die wunderschön geschmückten Elefanten anzusehen?"

„Nur, wenn wir auch auf ihnen reiten!"

Wir werden immer aufgeregter, als wir uns so vorstellen, was wir alles miteinander erleben wollen.

„Lass uns auf eine unbewohnte Insel ziehen und jeden Morgen über das Meer schauen. Wir wollen dort Delfine spielen sehen und zu ihnen hinaus schwimmen!"

„Wir wollen über eine Riffkante hinausschwimmen und in die tiefste Tiefe schauen, und bunte Fische werden zu uns auftauchen."

Ich bin platt, dass auch Silvie so schöne Träume hat, und wie gut sie zu meinen passen. Ich plane alle für unsere Zukunft fest mit ein. Ich werde kühn: „Hast du schon einmal von Amazonien gehört?" Als sie den Kopf schüttelt, fahre ich fort: „Dort gibt es Fische, die größer sind als wir. Sie haben Schuppen, so hart und rau, dass die Menschen sie als Feile benutzen können. Andere Fische haben so scharfe Zähne und sind so wild, dass sie alles, was sie erwischen können, in Windeseile auffressen, Krokodile, die überall lauern, Jaguare, die nachts im Dickicht grollen…"

„Huh! Klingt ja schrecklich!" lacht Silvie. „Da wollen wir hin?" Sie schüttelt den Kopf, ist aber dennoch sehr interessiert.

„Ich habe diese Bilder aus einem Buch, das ich auf dem Dachboden gefunden habe. Vielleicht gefällt der Traum dir so besser: dort gibt es Schlafmatten, die man zwischen zwei Bäume hängen kann. Darin liegt man bequem – sogar zu zweit – und schwingt hin und her, pflückt sich dabei Bananen von den Bäumen. Ich glaube, es ist dort wie im Paradies."

„Abgemacht." Silvie streckt mir ihre Hand hin und ich schlage ein. Wir öffnen die verschränkten Finger ein wenig, spucken nacheinander hinein und schlie-ßen sie wieder.

„So wird es gemacht."

Abschied

Der Geruch des Sommers ist manchmal so stark und schön, dass er fast den Duft von Silvies Haaren zu übertönen vermag. Heu, Kamille und bunte Rosen verströmen ihr Parfüm und verfangen sich an ihr, wenn wir mit dem Fahrrad zwischen den Welten unterwegs sind: dem Wald, dem Feld und dem Dschungel mit seinem Fluss.

Trotzdem: wenn eben dann die Getreidefelder gemäht werden und der Goldstaub allgegenwärtig ist, wenn der Boden in Garten und Feld vor Trockenheit aufreißt und viele Pflanzen gelbe Blätter bekommen, wenn die Vögel in der Hitze nicht mehr singen und allenfalls die Heuschrecken zirpen, dann wartet man sehnsüchtig auf Regen, der die Luft wäscht und den Boden tränkt. Man wartet und wartet, schaut zum Himmel, ob sich dunkle Regenwolken zusammenbrauen und schüttelt den Kopf, wenn es wieder nicht dazu kommt.

Wieder und wieder müssen wir den Garten bewässern; alles, was uns anvertraut ist, muss sich auf uns verlassen können. Einen Tag ohne Wasser, vielleicht noch einen zweiten, dann ist die Ernte futsch. So einfach ist das. Wir wissen deshalb, wie wichtig der Regen ist, wie wichtig das Wasser ist.

Wenn der Regen dann fällt, tanzen wir im Garten, springen auf den Straßen umher und lassen uns nass regnen. Die Hühner gackern, die Spatzen zwitschern, und die Krähen krächzen. Alles hält seine Flügel in den rieselnden Strom und lässt sich durchweichen, um sich ausführlich zu putzen. Der Wohlgeruch, der nach dem Regen aus den Gärten und den Feldern aufsteigt, übertrifft fast alles. Er ist wie ein Aufatmen nach langem Luftanhalten. Er verspricht Rettung nach langer, scheinbar vergeblicher Hoffnung. Er verheißt neues Leben.

Silvie und ich tanzen, bis wir völlig durchnässt sind. Hacki glaubt wohl, dass wir spinnen und verschwindet im Schweinestall. Die Schweine lassen wir draußen im Schlamm liegen. Sie schnaufen und prusten genüsslich und blinzeln in den warmen Himmel. Pitschnass klettern wir hoch ins Stroh empor und hören dem Rauschen des Regens zu. Das Stroh wärmt, und wir trocknen rasch. ‚Zu rasch', denke ich, weil ich Silvie dann nicht mehr die nassen Haarsträhnen aus dem Gesicht wischen kann.

Regen und Sonne gehören zusammen, hat mir Onkel Benno stets gepredigt. Er meint damit, dass nicht auf das Schlechte das Gute folgt oder umgekehrt, sondern dass beides immer zusammengehört und man oft nicht unterscheiden kann, was gut oder was schlecht ist. Sehr kompliziert. Jedenfalls brauchen unsere Pflanzen beides zum Wachsen.

Als die Sonne wieder scheint, holen wir Hacki den Hund aus dem Schweinestall, sperren die Schweine wieder ein und machen uns auf den Weg zu den Stoppelfeldern. Wir haben einen Plan, den man nur mit sehr viel Mut umsetzen kann. Wir wollen einen Hamster fangen.

Stop, stop, stop: bevor Du jetzt denkst ‚Hallo? Was ist denn daran Besonderes? Ich fange meinen Hamster stets wieder ein, wenn er aus dem Käfig entfleucht ist. Braucht es dazu mehr Mut als beim Naseputzen?'

Bevor Du also so etwas denkst: vergiss Dein Bild von irgendwelchen süßen Meerschweinchen oder schnuckeligen Goldhamsterchen im Laufrad.

Es gibt dort draußen vor Deiner Tür Tiere, die so wehrhaft sind, dass es Deinen ganzen Mut braucht, um ihnen von Angesicht zu Angesicht zu begegnen. Auf Augenhöhe sozusagen.

Fang doch mal bitte eine Wespe in der hohlen Hand! Jaha! Da kommt Freude auf, oder? Ach, nee, da zuckst Du plötzlich zurück? Soso!

Dann geh doch mal aufs Stoppelfeld und fang einen Hamster, verdammtnocheins! Lach also nicht, bevor Du verstehst, worum es hier eigentlich geht, hörst Du?

Der Hamster im Getreidefeld ist eines der wildesten Tiere, die es bei uns gibt. Nur das Wildschwein ist noch wilder. Nicht einmal Silvie ist so wild, selbst wenn sie sauwütend ist!

Also, um so einen Hamster zu fangen, braucht man einen todesmutigen dachsgemoppelten Windhund, einen Korb und zwei unerschrockene Fängergesellen.

Du fragst jetzt allen Ernstes schon wieder, warum

der Hund todesmutig sein muss?

Mann, Mann, Mann, ich glaube, Du hast noch nicht einmal einen wilden Hamster gesehen, geschweige denn gefangen, stimmt´s? Weil der Hamster versucht, dem Hund die Nase abzubeißen! Keine Nase, toter Hund, alles klar?

Doch der Reihe nach.

Auf den Stoppelfeldern findet man allenthalben Hamsterlöcher. Der wilde Hamster baut seine Höhlen unter der Erde und zieht dort seine Jungen auf. Für den Winter legt er sich einen Vorrat an Getreide an. Die sammelt er sich aus den ausgefallenen Körnern. Der Bauer mag das nicht, weil der die Ernte allein für sich haben möchte. Das ist aber lächerlich, was der Bauer an den Hamster verliert. Wir können doch rechnen, oder?

Gut, ist ja auch hier nicht so wichtig. Der Hamster hat eine Höhle mit mehreren Ausgängen. Wir schütten alle bis auf zwei zu. Dann stellen wir einen Drahtkorb, der viel Licht durchlässt, über eines der Löcher. Das andere Loch muss der Jagdhund aufbuddeln… Dadurch wird der Hamster aufgeschreckt und rennt in den Korb.

So ist die Hoffnung. Greift er stattdessen den Hund an, ist der so gut wie tot, weil er mit der Schnauze voran im Boden buddelt. Unserem Hacki haben wir aber alles erklärt und sind uns sicher, dass er nicht nur ein Mäuse- und Rattenfänger ist, sondern es auch beim Hamstergraben drauf hat. Wir schärfen ihm noch einmal ein, sich auf keinen Kampf einzulassen.

Wir also auf dem Acker vor dem Loch mit dem Korb, Hacki mit der Nase im anderen Hamsterloch. Mann, ist der heiß drauf, einen Hamster zu fangen!

Er fiept und brummt und knurrt und dann geht es los. Wie wild beginnt er zu graben, den Hamstergeruch in der Nase. Hacki wühlt mit beiden Vorderpfoten, dass der Boden unter seinem Bauch und zwischen seinen Hinterbeinen hindurch nach hinten auf das Feld spritzt. Der Boden ist feucht vom Regen und er kommt gut voran. Geruchsprobe, weiter wühlen, wühlen, schnuppern. Kein Hamster zeigt sich.

Das verheißt nichts Gutes: wäre der Hamster ängstlich, würde er schon fliehen. So aber schreien wir eben noch warnend „Hacki, aus!", da stürzt der wilde Hamster aus dem aufgegrabenen Loch hervor und dem Hund entgegen. Er greift ihn sofort und ohne jede Angst an, so klein er auch ist und so groß der Hund ihm erscheinen muss. Der Hamster springt fast einen Meter hoch in die Luft, um die Nase von Hacki zu erwischen. Wir sind sofort bei Hacki und wollen ihn wegreißen, auch wenn wir dabei Gefahr laufen, selbst gebissen zu werden. Wir lassen doch unseren Jagdhund nicht im Stich!

Doch Hacki erweist sich als ein bravouröser Hamsterjäger: in einer Geschwindigkeit, die einem Mungo Ehre gemacht hätte, weicht er dem Hamster aus und schlägt gleichzeitig mit der Pfote nach ihm. Tatsächlich erwischt er ihn noch im Flug. Der Hamster kugelt zu Boden und überschlägt sich. Sofort hat er sich aber berappelt, springt in Richtung Loch zurück und Hackis Fang schlägt ins Leere. Was für ein unglaublicher Köter! Meine Herren!

Silvie ahnt, was der Hamster vorhat, stürzt zum Fluchtloch zurück und hält den Korb fest. Schon ist der Hamster aus dem Loch heraus geflitzt und im umgestülpten Korb gefangen. Wir müssen den Korb mit dem Hamster nur noch vom Loch wegziehen und schon ist er gefangen. Was für eine aufregende Aktion, Junge, Junge.

Der Hamster rast im Käfig herum, doch gibt er es schon bald auf, noch nach einer Fluchtmöglichkeit zu suchen. Das ist die Zeit, ihn zu betrachten.

Was für ein buntes Fell er hat, wie schön er ist und wie sauber, obwohl er doch in der Erde lebt! Wir achten dieses mutige und wehrhafte Tier und sprechen mit ihm wie mit einem Kumpel. Als wir ihn uns angesehen haben, schieben wir den Korb zurück über das Fluchtloch und er verschwindet wieder in seiner Höhle.

Hacki empfindet sich als Sieger, und wir loben ihn für seine Schnelligkeit und Tapferkeit. Wir sind auch auf uns stolz, weil es uns gelungen ist, eines der wildesten Tiere unserer Landschaft in Ruhe zu betrachten. Wir klatschen uns gegenseitig in die Hände und kehren fröhlich ins Dorf zurück.

Wir schwatzen noch über das Erlebte, als wir bereits Silvies Kneipe erreicht haben und verabschieden uns zufrieden. Hacki und ich traben langsam Richtung Bäckerei weiter, als uns meine Mutter entgegen kommt. Onkel Benno möchte mich bitte sofort sehen, sagt sie und sieht sehr ernst aus. ‚Obwohl Dienstag ist, will er mich sehen?‘ denke ich noch. Wie ungewöhnlich.

Onkel Benno sitzt wie immer in seinem Ohrensessel. Er wirkt heute magerer als sonst. Mir fällt auf, dass ich ihn schon länger nicht mehr besucht habe. Vielleicht hat er deshalb gefragt, ob ich mal vorbeikommen kann?

Nachdem ich ihn begrüßt habe, bedeutet er mir, im zweiten Ohrensessel gegenüber Platz zu nehmen. Ich bin etwas verwirrt, weil die Stimmung nicht nach Geschichtenerzählen ist, sondern eher eine starke Spannung in der Luft liegt.

Aufmerksam verfolgt mich Onkel Benno mit seinen Augen, bis ich mich gesetzt habe. Lange betrachtet er mich schweigsam, während sein Kopf kaum merklich vor und zurück pendelt. Sein Atem ist kurz und rasselt hörbar.

„Was willst du mal werden, Jungchen?" beginnt er das Gespräch und ich bin beruhigt, weil es die übliche erste Frage ist. Doch wie soll ich heute antworten, nach allem, was ich in diesem Sommer bereits erlebt habe; in diesem Sommer mit Silvie? Ich entschließe mich, die Wahrheit zu sagen.

„Ich weiß es nicht mehr, Onkel Benno."

Ein Lächeln huscht über sein Gesicht und er sagt leise: „Dann ist es ja gut."

Als er meinen überraschten Blick sieht, fährt er ebenso leise fort: „Förster ist nie etwas für dich gewesen. Versprich mir, dass du auch kein Bäcker wirst. Versprich mir, dass du versuchst, alles über das Leben herauszufinden, was dir möglich ist!"

„Über das Leben herauszufinden?" Leider verstehe ich nicht, was er meint. Onkel Benno nickt jedoch nur und schweigt. Unvermittelt beugt er sich so weit zu mir herüber, dass ich seinen Atem riechen kann.

„Höre mich an, Jungchen: wo Licht ist, ist Schatten; sie gehören ebenso zusammen wie Regen und Sonne. Gut und Böse sind nicht die zwei Seiten einer Medaille. Sind sie nicht! Diese Medaille hat nur eine Seite. Auch wenn du es vielleicht noch nicht verstehen kannst, merke dir, was ich dir sage, hörst du?"

Mir wird langsam mulmig. Onkel Benno ist so anders. Er bleibt vornüber gebeugt.

„Ich verstehe nicht…" setze ich an. Doch er unterbricht mich fast ungeduldig.

„Wenn du den Berg hinunter läufst, denke nicht daran, dass es irgendwann wieder bergauf gehen wird; aber wenn es mühsam bergauf geht, freue dich auf den Ausblick von oben. Versprich mir das!"

„J-Ja", stammele ich und weiß plötzlich, dass sich Onkel Benno verabschiedet.

„Bedenke stets die Folgen bei allem, was du tust! Aber wage es trotzdem, dich zu entscheiden. Wenn du nicht weißt, wie du dich entscheiden sollst, höre auf dein Herz. Horche in dich hinein und höre auf deine innere Stimme, verstehst du? Höre auf dein Herz!"

„Was ist nur mit dir, Onkel Benno? Warum bist du so ernst und sagst mir Dinge, denen ich kaum folgen kann?" Meine Augen füllen sich mit Tränen. Er jedoch fährt fast hastig fort, als bliebe ihm nur noch wenig Zeit, um so vieles noch zu sagen.

„Wenn du Verantwortung für jemanden hast, sei wie ein Fels, der sich nie bewegt. Sei ein Fels, auf den sie bauen können, auf den Verlass ist. Sei ein Fels in der Brandung, ein Fels im Sturm. Sie müssen sich auf dich verlassen können! Unbedingt! Ist das angekommen?"

Er tippt jetzt mit einem seiner Finger auf meine Brust. „Ein Fels…" nicke ich, schon ziemlich verstört. Ich kann mir kaum alles merken, was er sagt. Doch er flüstert jetzt so eindringlich, dass seine Worte in mich hinein gemeißelt werden.

„So, wie du für deine Freunde da sein musst, öffne dich ihnen und vertraue auf sie, wenn du ihrer Hilfe bedarfst. Scheue dich nicht! Nur so können sie deine Freunde genannt werden! Scheue dich nicht, dich ihnen anzuvertrauen."

Er prüft mein Gesicht und sieht, wie eine Träne über meine Wange läuft. Doch davon ungerührt, wird seine Stimme eher härter, als er mit tiefer Stimme fortfährt: „Im Augenblick der Gefahr sei kühl, mutig und besonnen! Mit deinen Gegnern sei nachgiebig und unbeugsam wie die jungen Weidenzweige."

„Onkel Benno! Was sagst du da! Wo sind junge Weidenzweige unbeugsam? Ich verstehe nicht, was du meinst."

Er wischt den Einwand mit einer Handbewegung hinweg und spricht: „Keine Zeit für Erklärungen, Jungchen. Denk darüber nach, wenn Zeit ist. Ich bin noch nicht fertig; du kennst noch nicht alle Regeln, die du befolgen musst, damit die Menschen dich für ehrenwert erachten."

Onkel Benno lehnt sich zurück, schaut aus dem Fenster auf die Bäume vor dem Haus. Sein Atem wird flach und er hechelt ein paar Male, als wäre er aus der Puste.

„Lache nie, bevor du weißt, dass du damit keinen Menschen beleidigst, hörst du?"

„Ich höre." Ich nicke ihm zu. Endlich kann ich mich konzentrieren auf das, was er mir sagt.

„Menschen mögen arm an Vermögen oder Wissen sein: sieh nur den Menschen in ihnen und achte ihre Würde, versprich mir das!"

„Ich werde es mir merken, Onkel Benno."

„Was immer man dir über einen Menschen sagt, frage ihn selbst, bevor du über ihn urteilst!"

„Ich werde das tun, Onkel Benno. Doch warum sagst du mir das heute alles?"

„Nicht jeder Abschied bedeutet auch ein baldiges Wiedersehen, Söhnchen."

Er lehnt sich erneut in seinen Sessel zurück, schaut ein Weilchen aus dem Fenster und mich dann fest an.

„Ich verabschiede mich heute von dir für die lange Dauer deines Lebens. Meine Schwester hat mich gerufen und heute Nacht gehe ich zu ihr. Du jedoch wirst zurück bleiben und dein Leben führen, wie das Schicksal es für dich vorgesehen hat."

Er streckt seine Hand nach meiner aus und hält sie fest. Ich fühle, dass seine Hand kalt ist.

„Du hast mich vielleicht all die Jahre für verrückt gehalten, weil ich dir immer die gleichen Abenteuergeschichten erzählt habe. Wisse, dass ich dich habe anstecken wollen, Pech und Schwefel. Und das ist mir gelungen. Das ist das Beste, was ich in den letzten zwanzig oder dreißig Jahren erreicht habe. Du wirst nicht in diesem Dorf bleiben, du wirst nicht alleine im Wald Bäume zählen. So viel ist sicher. So wenig, wie ich hier war, als ich noch jung war. Wisse weiterhin: ich habe dir meine eigenen Geschichten erzählt, verpackt in dir bekannte Abenteuer. Haha! Hat mir verdammt nochmal viel Spaß gemacht. Potztausend. Ich war ein Weltenbummler, wie du einer sein sollst. Jawoll."

Der Glanz in seinen Augen trocknet meine Tränen und lässt Bewunderung für diesen hundertjährigen Mann entstehen, den ich, zugegeben, immer etwas kauzig und schrullig fand.

„Zigarre!" befiehlt er - wie eh und je.

Als ich im Qualm fast ersticke, fragt er: „Und Silvie?"

Da sprudele ich los und erzähle ihm auch von all unseren Träumen. Das scheint ihn zu betrüben, denn er sagt: „Niemand weiß, wie viel gemeinsame Zeit einem im Leben geschenkt ist. Verzweifele nie, wenn sie zuende geht, hörst du?" „Warum sollte sie zuende gehen?" „Versprich mir, nie zu verzweifeln; denke an den Ausblick nach dem mühsamen Aufstieg auf den Berg!"

Ich verspreche es und beginne zu verstehen, was ich lernen soll.

„Bevor du jetzt gehst, höre noch meinen letzten Wunsch: erweise Menschen die Achtung, die sie verdient haben. Sprich aufrichtig und gerecht über sie. Sei niemals eifersüchtig, neidisch oder unbeherrscht. Versprich mir auch das!"

Ich verspreche es.

Er saugt den Rauch der Zigarre so tief ein, dass er husten muss. Als er sich erholt hat, erhebt er sich mit großer Mühe und reicht mir erneut seine Hand.

„Warte!" rufe ich. „Was, wenn im Himmel deine Schwester gar nicht auf dich wartet?"

Er lacht auf und antwortet voller Unbeschwertheit, ja, mit Heiterkeit: „Dann bin ich in drei Tagen wieder bei dir und versuche es in hundert Jahren erneut, Pech und Schwefel!"

Ich nehme seine Hand.

„Lebe wohl, Jungchen."

Ich stehe aufrecht vor ihm, beiße mein Zähne so zusammen, dass sie fast zerbersten und neige meinen Kopf vor ihm, ohne den Blick in seine Augen zu verlieren.

So verabschiede ich mich von diesem ehrenwerten Mann.

Tatsächlich stirbt Onkel Benno in noch der gleichen Nacht, und drei Tage später entscheidet er sich, bei seiner Schwester zu bleiben.

Leben

Silvie sagt, Onkel Benno sei weise wie ihre Groß-mutter gewesen. Wir pflücken Sommerblumen für sein Grab und denken oft an ihn. Mehr als in der Zeit, als er noch lebte.

Wir denken lange nach über das, was er gesagt hat, als er sich von mir verabschiedete.

Wir sind so dermaßen verunsichert über das Schicksal, das er ansprach. Kann es wirklich möglich sein, dass alles vorbestimmt ist, was man erleben wird? Woher aber, verdammtnocheins, hätte das Schicksal wissen sollen, dass sich Silvie für mich entschied, als sie damals in unser Dorf kam, nicht aber für Bernhard oder einen der anderen? Für mich, die Brillenschlange? Nein, so kann er es nicht ge-meint haben, der weise Mann. Wir glauben, dass er meinte, man könne alles erreichen, was in einem steckt, wenn man sich nur anstrenge, so gut man kön-ne. Nichts anderes tun wir jeden Tag, wenn wir unser Bestes geben und dabei so viel lachen und Freude am Leben empfinden. Wir heben die Hände und schlagen ein: jeden Tag wollen wir so gemeinsam verbringen, wenn das nur irgendwie geht.

Wir pflücken Zwetschgen, entsteinen sie und bele-gen Kuchen mit ihnen. Wir misten die Schweine, versorgen die Kaninchen und Hühner, pflücken Äp-fel, schälen sie, entkernen sie, schneiden sie in feine Scheiben und belegen Kuchen mit ihnen. Der Sommer geht und die Abende werden kürzer und kühler; die Sonne scheint nicht mehr so heiß. Wir sind so oft wie möglich bei Lars und lauschen seinem Orgelspiel.

Die Ferien enden, und die Schule beginnt von neuem. Im Dorf ist immer noch Frieden. Wider Erwarten haben sogar die Knöll-Zwillinge den Frieden schätzen gelernt. Sie werden immer dicker, weil sie von meiner Oma im Laden Lakritze bekommen, so viel sie wollen. Oma will herausfinden, ob man sie an ihrer Gier unterscheiden kann.

Mein Onkel verlässt das Dorf, um in der Stadt im Süden zu arbeiten. Stell Dir vor: er schenkt uns eine von seinen Angelruten. Mit 30er Faden und einem Sortiment Haken und Schwimmer. Zusätzlich noch einen Blinker. Silvie und ich sind völlig überrumpelt, bedanken uns aber hastig und ziehen los, bevor er es sich noch einmal überlegen kann.

Von jetzt an ist jeder Regenwurm in unserer Nähe hoch gefährdet. Sie verziehen sich schon in die Erde, wenn sie uns nur von weitem kommen sehen, weil alle wissen, dass sie sonst als Köder enden.

Wir fangen unsere ersten Fische: Rotfedern und Brassen. Als sie so vor uns liegen, nach Luft schnappen und versuchen, den Haken los zu werden, sich biegen und krümmen, um wieder ins Wasser zu kommen, tun sie uns leid. Wir entlassen sie wieder ins Wasser und beschließen, nur noch Fische zu fangen, wenn wir sie anschließend wirklich essen wollen. Also auch nur solche Fische zu fangen, die für ein Essen geeignet sind. Brassen wollen wir nicht mehr fangen, weil sie zu viele Gräten haben.

Glaubst Du, dass man das schafft? Oh, ja!

Wir kennen schon bald alle Gewässer und wissen, wo es welche Fische gibt. Wir wählen die Köder und Hakengröße so aus, dass wir genau wissen, welcher Fisch anbeißen wird. Kleine Fische können keine großen Haken schlucken, ganz einfach. Und, was glaubst Du, welcher Fisch Kartoffeln frisst? Ein Hecht? Ein Zander? Natürlich nicht! Aber ein Karpfen! Und schwimmt der oben unter der Wasseroberfläche? Nein! Der gründelt unten im Schlamm. Da muss er die Kartoffel finden! Alles klar? Zander fressen Fische, die oben schwimmen, Aale mögen tote Fische, die schon stinken. Kirschen für die Döbel, Mürbeteig für die Schleien. Ja, da staunst Du! Den Blinker für die Forellen oder den Hecht. Kommt dann wieder drauf an, wo Du ihn entlang ziehst. Hechte sind Lauerjäger, wenn Dir das was sagt. Du musst ihm den Köder schon am Maul vorbeiziehen, damit er zubeißt. Ein Zander schwimmt selbst umher und jagt seine Beute.

Tja, wir jedenfalls sind bald die besten Fischer des Dorfes. Wir sind selbst zu Lauerjägern geworden. Wenn wir in unserer Freizeit nicht angeln, halten wir uns beim Seeadler auf, im Dschungel oder im Wald. Es ist ein herrliches, freies Leben, das ich, die wilde

Silvie und Hacki der Hund in diesem Sommer führen.

Doch gerade, als unser Leben am schönsten ist, als wir uns nicht mehr vorstellen können, dass es jemals ein anderes Leben sein könnte, als wir uns so sicher sind, was die Zukunft bringen wird, bricht die Katastrophe über uns herein.

Wie jeden Nachmittag will ich auch heute Silvie abholen, um etwas gemeinsam mit ihr zu unternehmen. Schon bevor ich die Kneipe erreiche, spüre ich, dass etwas nicht stimmt: mehrere Passanten kommen mir kopfschüttelnd entgegen und tuscheln miteinander, werfen einen Blick zur Kneipe hin und zucken mit den Schultern. Da höre ich auch schon selbst Glas klirren und ein lautes Rumsen, so, also ob eine Tür laut zugeworfen wird. Oder eigentlich noch lauter: so, als ob ein großer Schrank umkippt. Das Brüllen einer Männerstimme dringt aus einem der Fenster im oberen Stockwerk. Ich vermute Rudi. Er schreit offensichtlich seine Frau an. Als ich hinter dem Haus unter Silvies Fenster stehe, höre ich plötzlich das Klatschen von Haut auf Haut, so, wie wenn jemand geschlagen wird. Silvies Mutter schreit verzweifelt auf und ruft lautstark um Hilfe. Das Klatschen wird immer heftiger, noch mehr Glas geht zu Bruch, dann erstickt die Stimme von Silvies Mutter und geht in ein Wimmern über. Das Schlagen hört nicht auf, bis von der Frauenstimme nichts mehr zu hören ist.

Ich bekomme furchtbare Angst um Silvie. Ich klettere bis zu Silvies Fenster hoch, klopfe, poche, schlage dagegen; rufe, schreie, brülle nach Silvie. Doch nichts rührt sich, keine Silvie öffnet. Vor lauter Schrecken, Rudi könnte Silvie etwas angetan haben, weiß ich nicht, was ich tun soll. Inzwischen hat Hacki angefangen zu kläffen. Er blickt über mich hinweg. Oben schaut Rudi aus dem Fenster, entdeckt mich und brüllt zu mir herunter, er werde mich gleich ebenso verdreschen, wenn ich nicht verschwände.

,Hartmann!' schießt es mir durch den Kopf. Ich muss zu Hartmann, wie ich es mit dem krassen Bernd besprochen habe. „Hacki, komm!" Ich bin so aufgeregt, dass ich mein Fahrrad zurück lasse.

Wir rennen los. Wir rennen und rennen, eine Straße nach der anderen hinunter. Wo immer wir einen von unseren Leuten entdecken, schreie ich ihm zu, alle anderen zu alarmieren: Silvie sei in Gefahr; alle sollen sich vor der Kneipe treffen.

Bei Hartmann läute ich Sturm. Er öffnet und sieht gleich, dass ich furchtbar aufgeregt bin. Er ist dagegen immer die Ruhe selbst. Statt sofort mit mir zurückzukommen, zwingt er mich, mich hinzusetzen und alles langsam zu erzählen. ,In der Ruhe liegt die Kraft.' Das ist sein Lieblingsspruch.

Hartmann heißt nicht Hartmann, sondern wird so genannt, weil er so hart zu sich selbst war, dass er im Krieg mit zerschossener Ferse hunderte Kilometer aus dem Gefangenenlager zu Fuß geflohen ist, Mann, oh, Mann. So ist Hartmann. Er kann auch Walnüsse mit einer Hand zerdrücken und eine Flasche Bier mit der Augenbraue aufmachen. Dann ist er noch Skatmeister im Dorf und ungeschlagen in Dame. Keiner versteht, wie er so gut spielen kann. Aber er behauptet, es hätte eine Zeit gegeben, in der hätten sie keine Karten gehabt und hätten sie sich deshalb vorstellen müssen, wenn sie spielen wollten. Das übt natürlich.

„Ich glaube, ich habe jetzt alles verstanden", sagt er, nimmt seine Polizeimütze vom Haken und fügt hinzu: „Wir fahren besser mit dem Auto." Reden tut er auch nicht viel.

Im Handumdrehen sind wir zurück an der Kneipe. Aus der Bande des krassen Bernd und des starken Uwe sind schon zahlreiche Leute eingetroffen. Sie berichten, dass noch keiner aus dem Haus gekommen sei. Hartmann nickt mit dem Kopf. Dann schickt er uns weiter vom Haus weg und schreitet auf die Eingangstür zur Kneipe zu.

„Rudi! Komm heraus! Ich will mit dir sprechen!" Sein Tonfall duldet keinen Widerspruch. Aber Rudi hört nicht.

„Rudi! Wenn du nicht raus kommst, komme ich jetzt rein. Dann gnade dir Gott. Ich will deine Tochter und deine Frau sehen! Ich zähle noch bis drei. Danach hole ich dich. Hast du das kapiert?"

Ein Fenster fliegt oben im zweiten Stock auf. Rudis Stimme überschlägt sich fast: „Haut ab! Das hier geht euch nichts an! Es sind meine Frau und meine Tochter. Ich mache mit ihnen, was ich will!"

„Tu was, Hartmann!" schreie ich jetzt den Polizisten an. Der kann es gar nicht leiden, wenn man nicht auf das hört, was er sagt. Er ist stinkig auf Rudi, raunzt mich an, ich solle mich da raushalten. Schon ist er auf dem Weg zur Tür und wenige Momente später verschwindet er in der Kneipe.

„Bernhard, Bernd, Uwe! Wir gehen hinterher!" Die drei sind sofort bei mir. Bevor wir hinter Hartmann her laufen, geben sie noch ihren Leuten Anweisung, das Haus zu umstellen und keinen raus zu lassen, mindestens aber zu verfolgen.

Leise schleichen wir hinter Hartmann ins Haus und versuchen, ihm zu folgen. Der ist nicht besonders zimperlich und verschleiert nicht, wo er sich gerade befindet: er fegt Biergläser von der Theke, sodass sie in tausend Stücke zerbersten. Er geht wie ein Rammbock durch die Hintertür der Kneipe hindurch, die eben noch verschlossen war, und er donnert mit lauter Stimme durchs Haus: „Ich hole dich, Rudi, wo du auch bist. Du hast mich ärgerlich gemacht."

Wir hören, wie Rudi durchs Haus rennt. Dielen quietschen und knarren, Türen werden abgeschlossen. Rudi flieht. Der Polizist beschleunigt seinen Schritt und richtet eine Schneise der Zerstörung an. Ein Stuhl geht zu Bruch, ein Bild fällt von der Wand, wieder zersplittert eine Tür. Wir sind beeindruckt und möchten ihn nicht gegen uns haben, das sage ich Dir.

Plötzlich hören wir vielstimmiges Geschrei von

draußen: „Er flieht! Er haut ab! Haltet ihn fest!"

„Mist." Hartmann dreht sich zu uns um. Natürlich hat er uns längst auf dem Schirm gehabt. „Wir müssen trotzdem erst die Mutter und Silvie suchen!"

„Ich sehe in ihrem Zimmer nach!" rufe ich total nervös und meine natürlich Silvie. Es ist hier jetzt so still, dass ich hören kann, wie mein Herz pocht. Hoffentlich ist Silvie nichts geschehen.

Doch wo immer wir auch suchen, wir finden sie nicht. Hartmann dagegen findet Silvies Mutter. Er verbietet uns, ins Zimmer zu kommen. Doch wir haben schon gesehen, dass sie regungslos auf dem Fußboden liegt.

„Und Silvie?" schreie ich zu ihm hinein.

„Nichts", kommt als Antwort heraus.

Nichts. Nichts. Nichts.

Sucher und Jäger

Ein Krankenwagen kommt mit Blaulicht herangerast. Drei Sanitäter laufen mit einer Trage und einem großen Rucksack ins Haus und kommen wenig später mit Silvies Mutter zurück. Man kann sie nicht erkennen, weil sie eine Sauerstoffmaske trägt. Immerhin können wir sehen, dass ihre Augen geöffnet sind. Ihr Blick geht wirr hin und her. Ich stürze auf die Trage zu und rufe in ihr Ohr: „Wir finden sie, keine Sorge! Wir kümmern uns um sie!" Sie nickt und schaut mich dankbar an. Dann wird sie in den Krankenwagen geladen, und die Türen schließen sich hinter ihr. Mit Blaulicht fährt der Krankenwagen davon. Doch viel langsamer, als er gekommen ist.

`Wir kümmern uns um sie!' denke ich und mir wird plötzlich schlecht. Mir wird bewusst, was geschehen ist. Mein Magen verkrampft sich bei dem Gedanken, dass Rudi meiner Silvie wehgetan hat. Sie muss geflohen sein, muss raus aus dem Haus gerannt sein, muss sich umgesehen haben, voller Angst um ihre Mutter. Die hat ihr vermutlich gesagt, sie solle rennen, so schnell sie könne und sich verstecken.

Silvie, Silvie, wo bist du?

Bevor sie antworten kann, kommt Hartmann zu mir. „Ok, weißt du, wo sie sein könnte?" Ich schüttele nur den Kopf, weiß es wirklich nicht. Hartmann schaut in die Richtung, in der Rudi die Kette der Leute aus Uwes Bande durchbrochen hat. „Er kann nicht weit sein. Ich kaufe mir den Scheißkerl zuerst. Wahrscheinlich ist ihr ja nichts passiert, sonst hätte sie nicht fliehen können."

„Meine Leute sind hinter ihm her und du kannst uns bis zu ihnen mitnehmen. Wir können dir den Weg zeigen, Hartmann." Uwe ist total stolz, dass er ihm mal helfen kann, statt immer nur von ihm genervt zu werden. „Ach ja, Uwe? Dann steigt ein. Wir schnappen ihn uns." Uwe, Bernd und Bernhard springen in den Polizeiwagen und nehmen auf den Beifahrersitzen Platz. Dann geht es mit Sirenengeheul in östlicher Richtung aus dem Dorf hinaus.

,Ich lasse dich nicht im Stich, Silvie', denke ich. Ich gehe in die Hocke, nehme meine Hände vors Gesicht und versuche, mich zu konzentrieren. ,In Momenten der Gefahr sei kühl, mutig und besonnen,' schallt die Stimme von Onkel Benno in meinen Ohren. Eine feuchte Schnauze stupst mich an die Wange. Hackis Zunge leckt über meine Hände, dass es kitzelt. „Guter Hund. Wir finden sie, nicht wahr?"

,Wo bist du, Silvie?' Ich lasse unseren Seeadler fliegen und er überquert den Kiesteich. Er sieht die große Zahl unserer Leute hinter Rudi her rennen. Rudi ist auf dem Weg zur Bullenweide, der Idiot. Der wird sich wundern. Des Seeadlers scharfe Augen erfassen den magischen Ort von Silvie. ,Du findest mich am magischen Ort,' höre ich mein Herz sagen. „Sie ist am magischen Ort, na klar!" Ich schlage mir mit der Hand an die Stirn. Warum bin ich darauf nicht gleich gekommen?

Noch immer hocke ich auf dem Platz vor der Kneipe. Ich schaue mich um. Ich bin fast allein. Nur das Neele, ebenfalls hockend, schaut zu mir herüber. Als ich mich erhebe und zu ihr hinüber gehe, steht sie auch auf und blickt mich erwartungsvoll an.

„Neele, kann ich mich auf dich verlassen?"

„Ja", sagt das Neele ernst und nickt.

„Wenn Hartmann wieder hierher kommt, sage ihm bitte, dass er hinaus zum Burgberg kommen soll mit seinem Auto. Sag ihm, ich hole Silvie und komme ihm entgegen. Machst du das?"

„Ja", sagt das Neele sehr ernst und nickt erneut.

Ich nicke zurück, lege meine Hand auf ihre Schulter. Dann pfeife ich Hacki heran, springe auf mein Fahrrad und sprinte los, als wäre der Ockerthebe hinter mir her.

Ich finde Silvie an ihrem magischen Ort. Sie liegt zusammengekrümmt auf der Seite im Gras und ist ganz still. Ganz offensichtlich hört sie nicht, dass ich eingetroffen bin. Als ich meine Hand auf ihren Arm lege, zuckt sie zusammen und schreit auf. Ihr angstvoller Blick erfasst mich, starrt mich an und erkennt mich endlich. Sie fällt mir um den Hals und erwürgt mich fast. Ich schließe meine Arme meinerseits um ihren Nacken und so liegen wir eine Weile umschlungen im Gras. Silvie beginnt zu weinen, schluchzt bald so sehr, dass ich auch nicht mehr an mich halten kann. Mir rinnen ebenfalls die Tränen aus den Augen wie Sturzbäche und befeuchten Silvies Haar.

Nach ewigen Minuten lösen wir uns voneinander und ich schaue sie mir an. Ihre Lippe hatte wohl geblutet, doch ist der Riss schon so weit verschlossen, dass kein Blut mehr austritt. Ihre Haare sind wirr, erscheinen wie verfilzt und zerzaust. „Geht es dir gut?" Sie will eben zustimmend nicken, da krümmt sie sich erneut zusammen und erbricht sich. Ich sehe, dass das Erbrochene blutig ist und weiß sofort, dass das ganz schlecht ist. „Silvie, wir müssen dich sofort ins Krankenhaus schaffen. Dein Vater kann dir nichts mehr tun. Hartmann kümmert sich um ihn. Kannst du laufen? Hast du dein Fahrrad mit? Kannst du damit fahren?"

Sie versucht zu nicken und aufzustehen. Doch knicken ihre Knie ein. Fieberhaft überlege ich, was ich jetzt tun soll. Bleiben wir hier, verblutet sie möglicherweise. Denn sie scheint innere Blutungen zu haben. Gehen wir Hartmann entgegen, verstärkt das ihre Blutungen vielleicht noch und es endet genauso schlimm. Kommt Hartmann überhaupt? Hat Neele Hartmann ausgerichtet, worum ich sie gebeten habe? Welchen Weg wird Hartmann nehmen?

Was soll ich tun? Was soll ich nur tun? ‚Wenn du nicht mehr weißt, wie du dich entscheiden sollst, höre auf dein Herz!' sagt Onkel Benno in meinem Kopf.

„Du setzt dich auf meinen Gepäckträger und legst die Arme um meine Schultern, hörst du, Silvie? Dann schiebe ich dich Richtung Dorf. Es ist möglich, dass uns Hartmann entgegen kommt. Wir müssen hier weg, damit du versorgt werden kannst."

Silvie ist schlapp und schwach und ich stütze sie, während sie aufsteht. Fast trage ich sie zu meinem Fahrrad und setze sie auf den Gepäckträger. Sie legt die Arme um meinen Hals und lehnt ihren Kopf an meinen.

„Hacki! Los, lauf Hartmann entgegen! Damit der weiß, dass er auf dem richtigen Weg ist!" Hacki versteht alles. Alles! Schon peest er los.

Wir hingegen schleppen uns in großer Langsamkeit voran. Mein Gott, ist Silvie schwer. Ich kann das Fahrrad kaum steuern, so schwer ist sie, so unmöglich meine Haltung neben dem Fahrrad. Wieder dröhnt Onkel Bennos Stimme in meinem Kopf: ‚Sei der Fels, der aufrecht steht, der niemals fällt.' So oder so ähnlich hat er es gesagt. Meter für Meter kommen wir voran.

Ich fürchte, dass Silvie ohnmächtig werden könnte. Deshalb beginne ich zu schwatzen; erzähle ihr von der Suche; erzähle ihr von Hartmann, von den Leuten, vom Neele, dass nicht ‚Nee' gesagt hat, von ihrer Mutter, die sich schon freut, sie bald wiederzusehen. Selbst, als ich von ihrer Mutter spreche, öffnet sie nicht die Augen. Es geht ihr wirklich schlecht. „Verdammt, gleich bin ich der Berg, der sich nicht mehr bewegt", murmele ich vor mich hin.

Wir schleppen uns um die nächste Kurve, da kommt Hacki uns entgegen und knapp dahinter das Polizeiauto. Es stoppt vor uns, und Hartmann springt heraus. Bernd, Bernhard und Uwe ebenfalls. Hartmann sieht sofort, was mit Silvie los ist, nimmt sie auf den Arm und legt sie auf die Rückbank des Fahrzeuges. „Ihr geht zu Fuß nach Hause", ordnet er an. „Ich bringe sie direkt ins Krankenhaus." Ich kann ihr gerade noch die Haare aus der Stirn streichen, da geht schon das Blaulicht an, die Türen müssen zugeschlagen werden, und das Fahrzeug setzt sich in Bewegung.

Ich schaue hinter Silvie her, die schon bald aus meinen Augen verschwindet. Mein Herz sagt mir in diesem Augenblick, dass es zerspringen wird, wenn Silvie nicht zu mir zurückkehrt, sondern sie glauben sollte, bei Onkel Benno besser aufgehoben zu sein.

Ich schäme mich nicht, nach dieser Anstrengung mitten auf dem Weg auf die Knie zu fallen und dafür zu beten, dass wir uns gesund wiedersehen. Die anderen Jungs stehen um mich herum und schweigen betroffen. Dann legen sie mir ihre Arme um die Schulter, und wir machen uns auf den Weg nach Haus.

Meine drei Freunde erzählen mir von der Suche nach Rudi und der anschließenden Jagd:

Rudi spürte, dass er alle Grenzen überschritten hatte. Er hatte Silvie verprügelt, weil sie während ihrer

Arbeit in der Küche der Kneipe gesungen hatte. Weil er ihr gesagt hatte, das zu lassen. Weil sie so glücklich schien, dass es ihm unerträglich vorkam. Er hatte sie mit der Hand auf den Mund geschlagen und mit der Faust in den Bauch. Dann kam seine Frau dazwischen, schrie, er sei ein Unmensch und sie wollten das nicht mehr weiter mitmachen. Silvie floh aus dem Haus und suchte mit dem Fahrrad das Weite.

Rudi rastete aus und drosch auf Silvies Mutter ein, wie auf einen Sandsack. Er hörte erst auf, als sie still vor ihm lag. So sagte er es Hartmann, als der ihn in seinem Streifenwagen abtransportierte.

Als er Hartmann wie eine Dampfwalze durch seine Kneipe auf sich zukommen hörte, erfasste ihn Panik. Er sprang aus dem Fenster im Erdgeschoss, schubste unsere Leute zur Seite und rannte einfach nur weg. Doch die blieben ihm auf den Fersen, ohne sich ihm wirklich in den Weg zu stellen. Immer, wenn er einen von uns sah, änderte er allerdings seine Laufrichtung und versuchte, uns zu entkommen.

Als Hartmann die zwei Bandenanführer und Bernhard bei unseren Leuten abgesetzt hatte, übernahm Bernhard die Strebergruppe, weil der graue Lukas für jede Entscheidung zu lange überlegen musste. Gemeinsam mit dem starken Uwe und dem krassen Bernd trieben sie Rudi mit ihren Leuten Stück für Stück in die Enge und auf die Bullenweide zu. Tatsächlich sprang Rudi über den Zaun der Bullenweide.

Damit war er in der Falle, ohne dass er das zunächst

bemerkte. Im Gegenteil freute er sich, weil unsere Jäger nicht über den Zaun kletterten, sondern dort nur Aufstellung bezogen.

Du kennst die Bullenweide genauso wenig wie Rudi, mein lieber Scholli. Nun, als ich vom wilden Hamster sprach als dem zweitwildesten Tier nach dem Wildschwein, habe ich nur von den ‚wilden' Tieren gesprochen. Doch es gibt da noch gewisse Ungetüme unter den gezüchteten Tieren, die ich mich weigere, als ‚Haustiere' anzusprechen. Der Bulle von der Bullenweide ist ein solches Ungetüm.

Der Bulle ist so massig wie ein Nashorn, doch er hat nicht nur ein Horn, sondern zwei. Wenn er ruhig ist, ist er zornig. Wenn sich jemand auf seine Weide verirrt, wird er ärgerlich. Dann wird er wütend. Nicht gut! Aber wenn er geärgert wird, ja, dann wird er fuchsteufelswild und gerät in Weißglut. Gar nicht gut! Dann scharrt er mit seinem Fuß den Boden auf und wirft Erdballen hinter sich. Dann senkt er seinen Stiernacken und schnaubt aus den Nüstern wie eine Dampflok. Tausend Kilo Muskeln kommen dann leicht wie eine Feder auf den Eindringling zugeflogen, rammen ihn aber wie eine Walze aus Stahl. Pech und Schwefel. Überhaupt nicht mehr spaßig!

Wir lieben den Bullen, weil er so blöd ist und so vorausschaubar handelt.

Als also Rudi auf seiner Weide ist, den Stier aber noch nicht sieht, holen wir wie auf ein geheimes Kommando hin unsere Zwillen heraus…

Der, der dem Bullen am nächsten steht, zwiebelt ihm einen Stein auf den Hintern.

Schnaufen.

Zisch.

Augenbrauen tief zusammengezogen.

Zisch.

Bulle steht auf und schaut finster.

Zisch; von der anderen Seite.

Bulle wird ärgerlich.

Zisch, zisch, zisch, zisch, zisch.

Bulle fasst einen von uns ins Auge und rennt los. Der prescht auch los und läuft am Zaun so entlang, dass das wilde Tier endlich Rudi entdeckt. Rudi auf seiner Weide! Er tief entrüstet über die Nerverei mit den Steinen. Rudi im Visier des Stiers. Nacken gesenkt, Hörner werfen Weidenboden durch die Luft, Rudi schreit entsetzt auf und rennt. Rennt um sein Leben, verdammtnocheins. Wir johlen alle und rufen ‚olé'!

Rudi entdeckt den Baum in der Mitte der Weide. Als er gerade auf den Baum gestiegen ist, streift ihn ein Horn des Bullen und zerfetzt sein Hosenbein. Olé! Rudi gefangen und zur Abholung durch Hartmann bereit.

Während wir den Bullen ablenken, führt Hartmann Rudi in Handschellen ab.

Wir aber gehen zufrieden zum Dorf zurück.

So erzählen es mir meine Freunde und ich bedauere, dass der Bulle Rudi nicht erwischt hat. ‚Es ist nicht leicht, mit seinen Gegnern nachgiebig zu sein, Onkel Benno.‘

Verlust

Es sind jetzt drei Wochen vergangen, ohne dass ich etwas von Silvie gehört habe. Ich bin bei Hartmann und spiele aussichtslos Dame mit ihm, um etwas herauszufinden. Dies und das wird gefragt. Es scheint ihr wieder besser zu gehen, und ich bin erleichtert.

„Wann kommt sie wieder?" frage ich ihn dann direkt.

„Sie kommt nicht wieder", sagt er ebenso direkt.

„Was heißt, sie kommt nicht wieder?" Eiskalte Panik steigt in mir auf.

„Es bedeutet das, was ich gesagt habe. Sie kommt nicht wieder."

Ich springe auf, pfeffere das Damespiel auf den Boden und schreie Hartmann an: „Was heißt, sie kommt nicht wieder?"

„Wir müssen sie vor ihrem Vater schützen und haben sie mit ihrer Mutter in eine Einrichtung eingewiesen, die an einem unbekannten Ort liegt. Auf die Weise kann er sie nicht finden. Wir leider auch nicht."

Ich bin fassungslos. „Wir leider auch nicht? Geht's noch? Soll ich jetzt sagen: wie schade?" Meine Stimme überschlägt sich fast. Hacki kommt aufgeregt hereingerannt und glaubt, dass wieder irgendeine Aktion steigt.

„Es tut mir leid für dich, aber es ist, wie ich es sage: sie sind in einem Schutzprogramm und werden einfach verschwinden, damit der Vater sie nicht wiederfinden kann. Und wir können sie auch nicht wiederfinden."

„Waaas?" Ich raste völlig aus. Ich will das nicht wahrhaben. Ich will…

„Es ist so, wie ich es sage, Junge."

„Hol dich der Ockerthebe, Hartmann!" Ich brülle ihn an, wie ich noch nie gebrüllt habe und renne hinaus.

Laufen, Rennen, Hetzen.

Gedanken sind noch schneller als Beine. Überschlagen sich. Verwirren sich. Stoßen gegen Wände. Verknoten sich. Verwirbeln.

Beine sind ausdauernder als Gedanken. Lenken die Aufmerksamkeit auf den Atem. Der sticht in der Seite. Macht aber nichts.

Dschungel fliegt vorbei. Brennnesseln brennen nicht. Mücken stechen nicht. Magie gibt es nicht.

Der eine Gedanke ist so groß, dass er alles ausfüllt, umfasst, überragt: Silvie. Nur Silvie.

Nichts anderes zählt. Es kann nicht sein, dass ich sie nicht wiedersehen soll. Kann nicht sein. Darf nicht sein.

Mein Herz, lieber Onkel Benno, pocht, pocht nur für sie. Schlägt gegen die Brust, schlägt nur für sie.

Mein Herz, lieber Onkel Benno, sagt mir, dass alles nicht wahr sein darf. Dass alles nicht so sein darf, wie es geschieht. Wie es zu geschehen scheint.

Ich bin der Fels, der sich nicht bewegt. Meine Liebe zu ihr bewegt sich nicht. Sie bleibt unverrückbar, sie kann nicht vergehen. Sie spürt sie, wie ich die ihre spüre.

Hol mich der Hakelmann, wenn ich mich auch nur einen Millimeter bewege. Ich bin der Fels. Ich bin der Fels…

Mein Bauch zieht sich zusammen. Mein Magen schmerzt. Ich möchte mich erbrechen, kann es aber nicht.

Nichts hilft gegen meinen Schmerz.

Kein Eis, kein Saft, kein Honig, nichts.

Keine Freunde, kein Lernen, kein Rollschuhfahren, nichts. Kein Angeln, besonders kein Angeln.

Kein Orgelspiel. Kein Hacki der Hund. Kein Seeadler, kein magischer Ort.

Alles erinnert mich an sie. Alles will ich nur mit ihr erleben. Alle Träume will ich mit ihr erleben. Alle Kaninchen will ich mit ihr füttern, alle Quitten mit ihr pflücken, alle Holunderbeeren ebenso.

Die Schweine schauen, wo sie bleibt.

Die Hühner blicken suchend nach ihr.

Der Wind vermisst ihren Duft.

Der Wald vernimmt ihre Stimme nicht mehr.

Der Fluss wartet auf ihr Eintauchen; der Kiesteich spiegelt ihre Schönheit nicht mehr; den Blumen auf der Weide fehlt ihr sanfter Fuß, unter dem sie sich geneigt haben.

Hacki der Hund schnuppert, der Seeadler schaut so

scharf er kann, doch findet sie nicht.

Der starke Uwe fragt: wo ist sie? Der krasse Bernd fragt: wo ist sie? Das Neele sagt: Nee, Nee, Nee….

Ich verzweifele.

Onkel Benno, tut mir leid.

Es geht nicht anders.

Ihr Fehlen reißt mir mein Herz aus der Brust. Mein vergebliches Suchen nach ihr macht mich irre.

Nichts kann mehr sein wie es war.

Sie war die Luft, die ich geatmet habe; sie war das Leben, das ich einsog. Sie war der Ton, den ich hörte. Sie war der Duft, den ich roch. Sie war das Stroh, in dem ich lag.

Sie war alles, was ich hatte. Sie war mein Leben.

Sie ist mein Leben.

Wo bist du, mein Leben?

Ich suche dich, wo immer wir waren.

Ich suche dich, wo immer wir sein wollten.

Ich suche dich, wo wir gemeinsam sein werden.

Du bist mein Leben – du bist meine Zukunft.

Ich bin der Fels, der niemals schwankt. Der Fels, der niemals zweifelt.

Der Fels, der dich nicht vergisst und der nie von dir weicht.

So soll es sein: ich werde dich suchen und finden.

Ich verzweifele nie.

Ist der Weg auch noch so weit, Herz, teile ihr mit, dass ich komme.

Dass ich sie finde. Wo immer sie auch sei.

Hol mich der Hakelmann, wenn ich sie nicht finde.

Ich war verzweifelt; sorry, Onkel Benno.

Doch wie hätte ich es nicht sein können?

Am Kiesteich schwimme ich hinaus zum alten Kiesbagger. Lasse Hacki am Ufer zurück. Weiß zwar, dass mich meine Freunde suchen; doch will ich allein sein und die Ruhe finden, die ich jetzt brauche.

Ich klettere den Bagger empor. Der Bagger hat ein Förderband, das bis in den Himmel hinauf reicht. Langsam steige ich hinauf und will den Himmel erreichen. Die Wasserfläche liegt weit unter mir. Am Rand des Förderbandes setze ich mich nieder und schaue hinab in den Abgrund. Meine Beine baumeln hoch oben über der Wasserfläche, mein Blick schaut schon bis hinab.

Ich frage mich, was ein Leben ohne Silvie wert sein könnte.

Da sehe ich die Sonne, die ich so oft mit ihr auf und untergehen sah. Da sehe ich das Springen der Fische, das ich so oft mit ihr gemeinsam beobachtete.

Ich weiß, dass uns die Zukunft gemeinsam gehören

wird. Mein Herz hüpft vor Vorfreude in meiner Brust und sagt: ‚Vertraue mir!'

Ich weiß, dass alles so geschehen wird, wie ich es mir erhoffe, so unwahrscheinlich es auch jetzt erscheinen mag.

Ich blicke die vielen Meter hinunter und fühle, wie mein Gesicht sich entschlossen verzieht. Ich spüre, wie sich jede Faser meines Körpers anspannt. Ich werde fliegen wie der Seeadler, hinabstürzen bis auf die Wasseroberfläche und tief eintauchen, wie ich es mir erträumt habe.

Das Unmögliche wird wahr.

Ich beuge den Kopf nach unten und lasse mich fallen. Falle so tief, so tief. Ein Seeadlerschrei entringt sich meiner Brust.

Aus höchster Höhe stürze ich hinab bis hinunter zur Wasseroberfläche, tauche tief ein und fühle, dass mein Leben sich verändert. Unter Wasser sehe ich die letzten Sonnenstrahlen dieses Tages.

Unseren ersten Wunsch habe ich erfüllt, wenn auch zunächst allein. Nichts wird mich aufhalten, sie wiederzufinden. Den nächsten Flug von hier oben bis unter die Wasseroberfläche werden wir gemeinsam machen.

Silvie, wo immer du bist, ich komme.

Mit kräftigen Kraulzügen schwimme ich zurück zum Ufer.

Bandenrat

„Mann, Junge, was für ein Sprung! Den macht dir so schnell keiner nach!" empfängt mich der starke Uwe am Ufer, zieht mich aus dem Wasser und sieht mich echt bewundernd an, der Nichtschwimmer. Die anderen beiden, Bernhard und Bernd, nicken ebenfalls zustimmend mit dem Kopf und holen mir meine Klamotten, damit ich mich wieder anziehen kann. Hacki der Hund wedelt emsig und freut sich, dass er mich wieder hat.

„Hört zu", sage ich zu den dreien fest entschlossen. „Ich will, dass wir einen Bandenrat einberufen."

„Einen was?"

„Einen Bandenrat. Er soll aus allen Leuten beider Banden bestehen, die mitmachen möchten, Silvie zurück zu holen."

„Silvie zurück zu holen? Wie soll das gelingen?"

„Genau das wollen wir im Bandenrat beraten. Die so genannten Erwachsenen nehmen uns nicht ernst, das ist offensichtlich. Wir werden den Spieß umdrehen. Wenn wir alle unser Wissen und alle unsere Ideen zusammenfassen, können wir sie zurückholen. Ich für meinen Teil werde bis ans Ende der Welt gehen und wieder zurück, um Silvie zu finden und zurück zu holen…"

Allen dreien halte ich meine offene Hand hin. Bernhard schlägt als erster ein und die beiden anderen umschließen unsere vereinten Hände mit ihren.

Ich bin so verdammt entschlossen, dass alle ohne zu zögern zustimmen. Unsere Gesichter sind völlig humorlos, ernst und ohne jede Kompromissbereitschaft.

„Wir für Silvie", spreche ich allen vor.

„Wir für Silvie", bestätigen sie unseren Bund.

Schon am nächsten Tag berufen wir alle Leute beider Banden in den Kirchhof ein. Weil es wie aus Eimern schüttet, erlaubt Lars, uns in der Kirche zu besprechen. Es ist ungewohnt, dort laut zu sprechen. Doch finden wir, dass das heute hierher passt und nicht falsch sein kann.

„Leute", beginne ich und trete in die Mitte aller anwesenden Bandenmitglieder. Viele sind gekommen und sind scharf darauf, beim ersten Bandenrat dabei zu sein.

„Leute, wir, der starke Uwe, der krasse Bernd, der treue Bernhard und ich, haben euch heute zum Bandenrat eingeladen, weil wir nicht hinnehmen wollen, was gerade vor uns abgezogen wird: unsere Silvie, die wir als Bandenmitglied in unsere Reihen aufgenommen hatten, soll vor unseren Augen verschwinden. Sie soll nicht mehr unter uns sein, sie soll in der Fremde untertauchen, ohne uns je wiederzusehen. Sie soll nicht frei entscheiden dürfen, wohin sie gehört; sie soll vor ihrem Vater in Schutz genommen werden und dafür alles aufgeben, was zu ihrem Leben geworden ist: uns. Haben wir nicht bewiesen, dass wir sie schützen können? Rudi hat keine Chance, wenn wir zusammen halten! Sagt mir jetzt lautstark, dass ihr für Silvie stimmt! Sagt mir, dass sie ein Teil von uns ist!"

Keiner steht zurück, selbst die Knöll-Zwillinge nicht, und alle rufen: „Sie gehört zu uns. Sie gehört zu uns, wie wir zur Bande gehören!"

„Verdammtnocheins, deshalb schreit heraus, dass wir sie wieder bei uns haben wollen, dass wir alles versuchen wollen, sie wieder zu uns zu holen!" Ich meinerseits kreische sie jetzt fast an. Und alle rufen, so laut und nachdrücklich sie können zurück: „Wir holen sie zurück! Wir holen sie zurück!"

„Gut", sage ich in ruhigem Ton. Lars ist schon nervös geworden, wird doch nur seine Orgel sonst so laut in der Kirche.

„Gut. Gut." Ich hebe beschwichtigend die Hände, alle verstummen und schauen auf mich.

„Unser Plan ist folgender: weil wir keinen Zugang zur Information von Hartmann haben, weil wir nicht sicher sein können, was unsere Eltern alles wissen, wollen wir alles zusammentragen, was wir können, um einen Ansatzpunkt zu haben für unsere Nachforschungen. Also: jeder sollte seine Eltern, Verwandte, Nachbarn, Freunde oder Bekannte befragen, wo Silvie sein könnte. Gerüchte, Vermutungen, Annahmen sind ebenso willkommen wie echte Informationen, die Auskunft geben können über ihren Aufenthaltsort. Quetscht jeden, den ihr kennt, aus, was mit Familienmitgliedern geschieht, die in solch ein Schutzprogramm aufgenommen werden; wo tauchen Familienmitglieder unter, die verschwinden sollen? Fragt nach, wo Krankenwagen hinfahren, wenn sie jemanden abgeholt haben; wo Silvie hingekommen sein könnte; fragt, was ihr nur könnt!"

Nach der allgemeinen Zustimmung, die aus der Runde geäußert wird, schließe ich dieses erste Treffen des Bandenrates. „Wir sehen uns in drei Tagen wieder, um zu überprüfen, welche Informationen zusammen gekommen sind. Wir für Silvie!"

Ich hebe meine Faust und blicke total finster auf den Bandenrat.

„Wir für Silvie, wir für Silvie, wir für Silvie!" stimmen alle mit ein und heben ihre Fäuste.

Fast zwanzig Bandenmitglieder sind drei Tage später wieder in der Kirche. Lars ist auch wieder dabei.

„Lasst hören!"

„Diese Schutzprogramme gibt es wahrscheinlich nur in den größeren Städten. Von dort werden die Leute aber in andere Städte verlegt, bis ihre Spur keiner mehr verfolgen kann."

„Krankenwagen kommen aus den beiden großen Städten, wenn sie gerufen werden!"

„Fünfzehn Minuten braucht einer aus dem Süden, fast dreißig aus dem Norden."

„Also kam er wohl aus dem Norden!"

„Das Fahrzeug, das Silvies Mutter abgeholt hat, kam aus der Stadt im Norden; zumindest konnten wir das am Nummernschild erkennen!"

„Mein Vater hat den Krankenwagen an jenem Abend auf der Straße nach Norden fahren sehen!"

„Auch Hartmann ist mit Silvie nach Norden gefahren!"

„Verdammt, es ist die Stadt im Norden."

„Mütter mit ihren Kindern können in Häusern untertauchen, in denen sie keinen Besuch empfangen können!"

„An den Türen werden sie verleugnet, aber wenn sie gehen wollen, dürfen sie das!"

„Sie dürfen selbst keine Nachricht senden, wo sie sind. Vielleicht wissen sie selbst nicht, wo sie sich befinden!"

„Sowohl in der Stadt im Süden als auch im Norden gibt es solche Häuser!"

Das sind die Informationen, die wir zusammentragen. Vermutlich also die Stadt im Norden. Es ist verdammt weit bis dorthin. Fast vierzig Kilometer. Wie sollen wir dahin kommen?

„Mit dem Zug!" „Dazu brauchen wir Geld, was wir nicht haben." „Wir fahren schwarz." „Wir fragen den Schaffner, ob wir kostenlos mitfahren dürfen. Ist schließlich ein Notfall." „Wir sammeln alles Geld, was wir uns verdient haben, und nur wenige von uns fahren."

„Ich kann einen auf dem Moped mitnehmen", sagt Lars. „Ich werde euch nicht allein fahren lassen…"

„Echt? Du kommst mit?"

Lars lächelt. „Bei der Gelegenheit kann ich gleich mal mein Kloster wieder besuchen."

Alle leeren ihre Hosentaschen aus und werfen das Geld zusammen. Viel ist es nicht. Wer braucht schon Geld in unserem Dorf? Fragend schauen wir Lars an. Der legt selbst einen Schein dazu. „Aus der Kollekte vom letzten Sonntag. Ich will auch, dass Silvie zurückkommt." „Danke, Lars." Wir strahlen ihn an.

Drei werden Bahn fahren können, schätzen wir. Uwe fährt bei Lars mit. Bernhard, Bernd und ich reichen uns die Hände. „Alle für Silvie."

Punky und Viper

Einen wilden Hamster fangen ist eine Sache. Wildschweine oder zornige Bullen im Zaum halten ist die gleiche Sache. Angeln bei Gewitter, auf Bäume klettern und von schwarzen Brücken oder von Förderbändern springen ist immer noch diese eine Sache. Damit kommt man gut klar.

Aber in eine große Stadt zu fahren, mein lieber Schollie, das ist eine völlig andere Sache.

Wir also schon ziemlich nervös zum ersten Mal im Zug nach Norden. Hacki jault leise vor sich hin. Ist ja auch noch nie Zug gefahren. Den Burgberg, den Kiesteich, den Seeadler, alles lassen wir einfach so hinter uns. Ist schon eine erstaunliche Angelegenheit. Man fährt einfach ab und schon nach kurzer Zeit sieht man Felder, Wälder und Dörfer, die man noch nie mit dem Fahrrad erreicht hat. Wir schauen uns an, und jeder denkt: was, wenn man immer so weiter fahren würde. Wo endet wohl unsere Welt? Wie können wir Silvie überhaupt wiederfinden, wenn die Welt nicht irgendwo endet?

‚Glücklicherweise wird sie bei Silvie enden‘, überlege ich.

Wir sehen vertraute Störche. Aber wir sehen auch Fabriken mit hohen Schornsteinen. Wir sehen unseren Fluss in engen Schleifen liegen. Aber wir sehen auch Straßen, auf denen viele Autos fahren. Wir wussten gar nicht, dass es so viele Autos gibt, ehrlich.

Wir halten an Stationen an, an denen wir nicht aussteigen wollen.

Dann sind wir da. „Endstation, alle austeigen", sagt eine Stimme auf dem Bahnhof.

Wir raus aus dem Zug, Hacki voran, und rauf auf den Bahnsteig der großen Stadt. Andere Züge halten quietschend auf anderen Bahnsteigen. Wir sind froh, dass wir zu dritt, sagen wir, zu viert sind.

Aus unseren Waggons quellen mit uns alle Mitfahrer hinaus und drängen in eine Richtung. Wir zucken mit den Augenbrauen, winken uns zu und lassen uns mittreiben. Wenn wir uns verlieren, so haben wir uns verabredet, dreimal Fasanenschrei lang. Kann also nichts schiefgehen. Hacki bleibt ohnehin immer eng bei mir.

Der Strom treibt uns bis zum Ausgang des riesigen Bahnhofs. Der hat acht Gleise! Wir staunen nicht schlecht. Als wir auf den Bahnhofsvorplatz gelangt sind, halten wir inne, sehen uns um und beraten uns.

Vor dem Bahnhof befinden sich weitere Plattformen, an denen Busse ankommen und abfahren. Ihre Motoren brüllen auf, wenn sie sich in Bewegung setzen; Bremsen quietschen, wenn sie mit großer Geschwindigkeit herangebraust kommen und in ihre Bushaltestelle einfahren. Man sieht, wie die Passagiere Not haben, sich festzuhalten, um nicht nach vorn gedrückt zu werden. Es ist ein ständiges Kommen und Gehen.

Plötzlich zucken wir zusammen: das Kreischen eines Zuges in einer Kurve direkt hinter uns. Wir springen herum und sehen, dass es eine Straßenbahn ist, die ebenfalls ihre Einfahrt sucht. Der Straßenbahnfahrer klingelt und winkt uns freundlich zu, weil er bemerkt hat, dass er uns erschreckt hat. Wir winken zurück und haben den Schreck schon überwunden.

Wir folgen den Bussen mit unseren Blicken und sehen sie schon bald in verschiedene Richtungen in der Stadt verschwinden. Sie fahren in Häuserschluchten hinein, so kommt es uns vor. Alle Häuser, die links und rechts der Straßen stehen, sind mindestens dreimal so hoch wie die in unserem Dorf. An den Straßenrändern stehen zwar Bäume, doch wenn man mal so über alles hinwegblickt, potztausend, dann ist die Farbe grau und nicht grün wie bei uns. Hacki schnüffelt, doch nicht nur er riecht den Dieselgeruch dieser Stadt. Die Stadt stinkt.

„Die Stadt", sagt der treue Bernhard und wir nikken. Wir schauen und schauen und drehen uns einmal um uns selbst.

„Hey, ihr da! Was seid ihr denn für Vögel?"

Ein Junge in unserem Alter steht an die Glaswand des Bahnhofs gelehnt und hat uns offenbar zugesehen. Er hat eine Schirmmütze falsch herum auf und keine kurze Lederhose an wie wir, sondern eine blaue, weite Stoffhose. Hinten an seinem Gürtel ist eine lange Silberkette befestigt, die bis nach vorn in eine seiner Tasche reicht. Über der Hose trägt er eine ebenfalls sehr weite Stoffjacke, darunter ein T-Shirt mit einem schwarzen Kopf auf rotem Grund. ‚Libertad' steht darauf.

„Wer hier der seltsame Vogel ist, bleibt noch offen!" Ich bewundere den krassen Bernd für seine Schlagfertigkeit.

„Die sind wohl irgendwo entlaufen, so wie die aussehen…" hören wir es in unserem Rücken höhnen.

Hinter uns steht ein Spiegelbild des Jungen, der lässig an der Bahnhofswand lehnt.

„Sagt, was ihr wollt und verdrückt euch!" Bernhard verschränkt seine Arme und sieht sehr entschlossen aus.

„Ouh, ouh, ouh! Sieh nur, wie kämpferisch die Vögel sind!" Der hinter uns stehende Bursche grinst uns an, steckt die Daumen in seine Hosentasche und legt den Kopf schief.

‚Sieht eigentlich eher neugierig als gefährlich aus', denke ich bei mir und schaue auf Hacki, der auch nicht sonderlich angepisst scheint.

„Wir kommen aus dem Dorf flussaufwärts, unterhalb des Burgberges, kennt ihr das?" Ich versuche es leutselig. Vielleicht kennen die sich ja hier aus.

„So eine Art Schweinehirten also", stichelt der erste wieder.

„Stimmt, Schweine haben wir auch…" Ich lasse mich nicht ärgern.

Die beiden wissen nicht so recht, was sie jetzt mit uns machen sollen und blicken unschlüssig.

„Und ihr?" fragt Bernhard. „Wohnt ihr hier am Bahnhof?"

„Quatsch mit Soße, Alter. Wir kommen von drüben, jenseits der Straße; aus den Türmen mit der schönen Aussicht." Er reckt sein Kinn in die Richtung, die wir nach seiner Beschreibung schon vermutet haben.

„Und was treibt euch her, in unsere Stadt?" Der zweite kommt auf uns zu und deutet auf eine niedrige Mauer, auf die wir uns alle setzen können. Er ist wirklich der Neugierige von den beiden und recht zugänglich.

„Wir wollen unsere Freundin suchen und zurück in unser Dorf holen", antworte ich ehrlich.

„Was ist denn das für eine Geschichte?" Der Junge schaut sehr ungläubig unter seiner Kappe hervor.

„Das sind übrigens der krasse Bernd und der treue Bernhard", stelle ich uns vor.

„Was sind das denn für Namen: krasser Bernd, treuer Bernhard...?"

„Wie heißt ihr denn?"

„Punky und Viper."

„Ach nee, und was sind das für Namen?"

„Die haben wir erworben und haben sie von unseren Kumpels verliehen bekommen."

„So sieht es mit unseren auch aus."

„Und warum hast du keinen Zusatz zu deinem Namen?"

„Weil wir noch keinen für ihn gefunden haben. Alles klar soweit?" Der krasse Bernd ist eine Führungspersönlichkeit. Das merken die beiden rasch.

„Ich heiße Viper, weil ich schneller bin als jeder andere", sagt der erste Junge und will mit seiner Hand blitzschnell Hacki eine hinters Ohr wischen. Doch der mit seinen Hamsterreflexen springt zur Seite und packt zu. Ratsch, hört man die Jacke von Viper reißen und Viper aufschreien.

Alle springen auf, ich werfe mich zwischen Hacki und den Jungen und stoppe ihn: „Lass solche Späßchen! Wir sind keine Blödmänner, die du foppen kannst, wie es dir gerade gefällt!" Ich werde langsam sauer und meine Geduld geht flöten.

Punky beschwichtigt alle mit Gesten und wir setzen uns wieder. „Ok, sorry. Erzähl uns von deiner Freundin. Wenn das stimmt, was du sagst, gibt das hier vielleicht 'ne fette Story. Also erzähl! Und du, Viper, hältst dich mal ein wenig zurück, klar?"

So kommt es, dass ich den beiden alles von uns und meiner wilden Silvie erzähle. Während ich das tue, sehe ich an ihren Augen, dass sie mit Silvie mitfühlen und auch uns verstehen können. „Und deshalb holen wir sie zurück, sonst hole uns der Hakelmann."

Viper und Punky sind beeindruckt. Punky sagt, er habe ein ähnliches Schicksal wie Silvie erlebt und sei richtig in den Dreck geraten. Damals hätten seine Kumpels ihn Punky genannt, weil er wie aus dem

Mülleimer gezogen ausgesehen habe.

„Wer gehört also noch zu denen, die Silvie suchen wollen?" fragt Viper. „Lars aus dem Kloster ist der eine. Er hat mit unseren Eltern geregelt, dass wir ein oder zwei Nächte hier bleiben können. Und der starke Uwe. Er war unser größter Gegner; aber Silvie hat ihm das Leben gerettet. Wenn ihr mitmacht, sind wir sieben. Wir könnten euch mit eurer Ortskenntnis jedenfalls gut gebrauchen. Also: macht ihr mit?"

„Sieben", sinnieren Viper und Punky vor sich hin und blicken sich an. „Ok, ich helfe mit, allein schon, um diese wilde Silvie mal kennen zu lernen…" entschließt sich Punky. „Ich bin dabei, wenn ich nicht in so einer Lederhose herumlaufen muss…"

Ich halte allen meine Hand hin und alle schlagen ein. „Wir für Silvie", sage ich. „Wir für Silvie", antworten alle. Hackis Kläffen darf nicht fehlen.

Morletta

Wir sind zu fünft, als wir unsere Skizze herausholen, die uns Lars gezeichnet hat. Darauf ist zu sehen, dass sich unser Fluss vor der Stadt in zwei Arme teilt, um sie rundherum zu umfließen. Er kommt genau von Süden und verlässt sie wieder im Norden. Das Kloster, zu dem wir gelangen müssen, um Lars und den starken Uwe zu treffen, liegt im Osten am Rand der Stadt, inmitten von Fischteichen.

Prüfend richten wir unseren Blick in den Himmel, um die Himmelsrichtung festzustellen. „Himmelsrichtung?" fragt Viper. „Wir merken uns die Straßen und Wege. Ist doch viel einfacher." „Einfacher?" fragt der krasse Bernd. „Was kann einfacher sein als nach der Himmelsrichtung zu fahren? Da braucht man keine Straßennamen. Aber gut, wenn ihr euch auskennt, soll es uns recht sein."

Fünf sind wir, die wir in den Bus steigen, der uns ins Kloster bringen soll. Viper und Punky haben kein Geld für den Bus und wir bezahlen die Fahrkarten für sie. Normalerweise sind sie mit dem Fahrrad unterwegs, sagen sie. Jedenfalls wissen sie, dass wir mit der Nr. 19 in die Häuserschluchten hinein fahren und dann in die Nr. 13 Richtung Norden umsteigen müssen, obwohl wir nach Osten wollen. Na gut.

Die Fahrt im Bus erleben wir wie in einem Traum. Es geht vorbei an hohen Häusern, die reich verzierte Fassaden haben. Sechs Stockwerke zählen wir. Es müssen sehr viele Menschen hier leben. In den unteren Stockwerken befinden sich kleine Geschäfte: Tattoo-Shops, Pizza-Bringdienste, ein Laden, der Hochzeitskleider verkauft. Hier gibt es Dinge, die wir noch nie gesehen haben. Sagenhaft. In den Fensterscheiben des Busses erkennen wir unser Spiegelbild und bemerken, dass unsere Münder offen stehen, während wir hinausblicken. Viper und Punky bemerken unser Staunen natürlich auch und sind stolz darauf, was die Stadt so alles zu bieten hat.

Wir steigen um und durchfahren Parks, in denen Jogger laufen. In denen alte Menschen auf Bänken sitzen. In denen Eichhörnchen herumspringen. In denen alte Bäume stehen. An deren Zufahrtsstraßen Autos parken. Autos hier und da. Überall Autos. Jungen und Mädchen mit Fahrrädern, die irgendeinem Ziel entgegen streben. Ein Gehege im Wald taucht auf, in dem Damwild steht. „Ihr habt Damwild?" frage ich die beiden Städter. „Damwild? Was soll das denn sein?" ist die Antwort. Wir schütteln nur den Kopf über diese Städter.

Dann fahren wir an einem See vorbei. „Fischteiche" rufe ich begeistert aus. „Joh, wir müssen gleich aussteigen, Jungs", sagt Viper und Punky nickt.

Wir gehen an den Fischteichen entlang und sind begeistert: alle vertrauten Vögel gibt es hier. Sogar Fischreiher, Rohrdommeln und Haubentaucher. Wir fühlen uns wie zuhause. Viper und Punky jedoch schütteln nur den Kopf und fragen sich, ob sie das Richtige tun.

Schon von weitem sehen wir das Kloster auf uns zukommen, das von einer braunen Ziegelsteinmauer umgeben wird. Nur einen Durchlass gibt es: ein schmales und niedriges Tor in der nördlichen Klostermauer. Schon von außen zu sehen, ragt eine Kirche aus dem Klosterbezirk hervor. Alle anderen Gebäude sind so flach, dass sie hinter der Mauer unsichtbar bleiben.

Wir nähern uns dem Tor und sehen bald, dass ein Wächter im Pförtnerhäuschen sitzt. Ein Mönch, der seinesgleichen an Körperumfang sucht. Er ist bekleidet mit einer braunen Kutte, so wie Lars eine trägt.

„Na, wohin wollt ihr denn?" fragt er uns freundlich. Sein rundes Gesicht sieht gemütlich aus und ohne Arg. „Zu Lars", antworte ich ihm knapp. „Zu Bruder Lars?" fragt er, als hätte er nicht recht verstanden. „Ja, klar." „Der lebt schon lange nicht mehr hier, sondern in einem Dorf im Süden." Der Mönch ist ganz schlecht informiert. „Er muss aber hier sein. Er wartet auf uns."

„He, Bruder Tack! Lass sie durch! Lars ist tatsächlich in der Kapelle und spielt die Orgel!" ruft in diesem Augenblick ein anderer Mönch, der mit verfolgt hat, was wir Bruder Tack erzählten.

„Na, dann ist ja alles bestens!" ruft Bruder Tack und winkt uns durch. Jetzt bin ich aber doch neugierig: „Bruder Tack? Sie heißen tatsächlich wie der

Bruder Tack in der Geschichte von Robin Hood?"
Bruder Tack kichert verlegen und antwortet verschämt: „Das ist in der Tat nur mein Spitzname; ich
heiße Bruder Josef. Sie nennen mich nur Bruder Tack
wegen meiner Leibesfülle und meines Bierkonsums,
mein junger Freund..."

In diesem Augenblick hören wir Lars. Er hat die
Orgel erweckt, und ihre Musik dringt bis hierhin zur
Pforte.

„Schnell, schnell!" rufe ich aufgeregt. „Lars spielt
die Orgel! Das müsst ihr hören!"

Wir rennen, so schnell wir können, hinüber zur Kapelle, treten ein und – werden sofort von der mächti-
gen Melodie der Orgel umfangen.

„Lars! Lars! Wir sind da! Wir haben dich gefunden!" entwischt es mir. Ich sehe, dass ich viele Brü-
der gestört habe, weil sie zu mir aufsehen; doch ich
bemerke auch, dass Lars es gehört hat.

Sofort wechselt er in meine Lieblingsmelodie, die
Toccata des Himmels, wie wir sie nennen. Was liebe
ich diesen Sound, ehrlich! Man scheint außer sich,
man scheint ein Teil eines Ganzen, das man nicht
umfassen, nicht begreifen kann. Viper und Punky
sind zunächst überrascht. Sie ziehen die Augenbrauen
hoch und verdrehen die Augen. Dann spüren sie, wie
ernsthaft diese Musik ist, wie vollständig sie uns aus-
zufüllen in der Lage ist, wie sie uns überwältigt, in
ihrem Strudel mitreißt und willfährig macht, hinzu-
gehen, wohin sie will. Alle Höhen, alle Tiefen zu

erkunden, die sie vorgibt. Ihr zu vertrauen und das Herz zu überlassen, auf dass es weine, lache, sich in unbekannte Gefilde wage. Ich sehe ihre Sprachlosigkeit. Ich fühle, wie ich gleichzeitig frei werde, ohne Angst um Silvie, wie ich beginne, nachzudenken, wie wir sie finden können, ohne Zweifel, dass wir sie finden werden.

Als Lars geendet hat, hört man das Aufatmen der Mönche, die seinem Spiel atemlos gelauscht haben. Man hört das Einatmen der Orgel, die sich verausgabt hat. Man hört Punky sagen: „Wow."

Dann ist Lars bei uns und begrüßt uns: „Na, ihr habt Freunde mitgebracht?" Auch der starke Uwe kommt hinzu, der bei ihm oben an der Orgel gesessen hatte. Alle machen sich miteinander bekannt. „Dann sind wir also die unschlagbaren Sieben, wie es scheint." „Kommt, gehen wir in meine Zelle", fordert uns Lars auf. „Dort können wir uns besprechen."

Zelle ist wirklich das richtige Wort für sein Zimmer hier im Kloster. Wir müssen uns auf seine Pritsche setzen, weil er nicht genug Stühle hat. Bis auf einen kleinen Tisch gibt es keine weiteren Möbel. Lars legt einen Stadtplan auf den Tisch und sagt: „Ich habe schon einmal die Standorte der Krankenhäuser aufgezeichnet. Es gibt nur zwei mit einer Notaufnahme. Wahrscheinlich ist der Krankenwagen zu einem dieser Krankenhäuser gefahren und hat Silvies Mutter dort eingeliefert. Und dorthin musste Hartmann sicher auch Silvie selbst bringen." Er blickt in die Runde. Als keiner so recht antworten mag, fährt er fort: „Ist doch klar: wenn wir herausfinden wollen, wo Silvie ist, müssen wir zunächst ermitteln, ob sie überhaupt in einem der Krankenhäuser aufgenommen wurde. Ist schließlich schon alles drei Wochen her. Wird nicht einfach. Nur wenn wir genau wissen, dass sie überhaupt hier in die Stadt gekommen ist, können wir weitersuchen."

Alle seufzen tief und sehen aber ein, dass man zunächst den ersten Schritt gehen muss und danach erst den zweiten. Erst wenn wir wirklich wissen, dass Silvie wieder aus dem Krankenhaus entlassen wurde, können wir uns auf die Suche nach ihrem nächsten Aufenthaltsort machen.

„Wir haben nur kurze Zeit", gibt der krasse Bernd zu bedenken. „Wir müssen uns aufteilen, so weit wie die Krankenhäuser auseinander liegen", ergänzt der starke Uwe. Alle nicken. Viper und Punky meinen, sie würden schon wissen, wo die Krankenhäuser liegen, das wäre kein Problem. Aber man würde beide zu Fuß schlecht noch vor Einbruch der Dunkelheit schaffen. Es mache Sinn, zwei Gruppen zu bilden.

„Ok, Punky, der krasse Bernd und ich sind die erste Gruppe; Viper, der starke Uwe und der treue Bernhard sind die zweite. Und du, Lars?" Ich schaue ihn an und glaube eigentlich nicht, dass er mitgehen wird. „Ich muss mich um die Schlafmöglichkeiten hier kümmern und versuche herauszufinden, wo es hier die Zuflucht für Menschen gibt, die untertauchen müssen. Ihr müsst kurz vor Einbruch der Dunkelheit wieder hier sein, hört ihr?"

„Alles klar; fahren wir wieder mit dem Bus, Viper?"

„Joh, lohnt sich für beide Gruppen. Wir springen dann unten im Zentrum ab, um umzusteigen, ihr fahrt weiter bis zur Endstation. Wenn ihr alles abgecheckt habt, kommt ihr hoffentlich allein zurück. Punky und ich sind dann für heute raus aus dem Geschäft. Wegen Pennen und so. Treffen uns dann morgen wieder."

Alle stimmen zu, wissen, was sie zu tun haben, und laufen hinüber zur Bushaltestelle. Um 14 Uhr geht der nächste Bus ins Zentrum. Wir fahren nach Westen, soviel ist sicher. Unser Staunen über die Stadt hat deutlich nachgelassen: irgendwie kennt man ungefähr schon das, was man draußen sieht.

Wir überqueren wieder unseren Fluss über eine Brücke, die den Zugang zum Zentrum markiert. Neu auf der Fahrt sind die uralten Gebäude, die auftauchen: altehrwürdige Museen aus schwarzem und gelbem Sandstein mit hohen Fenstern, zahlreichen, breiten Stufen vor dem Eingang und Kaninchen, die in den dazu gehörigen Parkanlagen umher hoppeln.

„Wir sind raus!" ruft Viper wenig später und die drei verlassen den Bus an der nächsten Haltestelle.

Wir fahren weiter am Rathaus vorbei, über einen

großen Marktplatz, auf dem sich viele Straßenbahn-schienen kreuzen, bis wir die Ansage hören, die uns auffordert, an der nächsten Haltestelle alle auszusteigen.

Durch einen Park führt uns Punky zu dem zweiten Arm unseres Flusses, der die Stadt im Westen umgibt. Eine kleine Fußgängerbrücke quert das strudelnde Wasser und bringt uns direkt zu einem großen Gebäude, das, aus roten Backsteinen gebaut, am Ufer aufragt. Über dem Eingangstor steht ‚Kinderheim‘.

„Häh?“ Wir ziehen die Augenbrauen so hoch wir können.

Doch Punky beruhigt uns: „Steht da schon hundert Jahre, stimmt aber trotzdem nicht.“

Wir sehen schnell, dass es sich um ein Krankenhaus handelt. Ein Mann mit einem verbundenen Fuß humpelt vorbei. Ein anderer sitzt vor der Eingangstür im Rollstuhl und raucht. Er bläst den Rauch in die Luft und schaut ihm nach. Ein dritter Kerl hat ein verbundenes Auge, lange fettige Haare und einen strohigen Bart im Gesicht. Er hat eine Trainingsjacke an und glotzt fies. Kranke Frauen gibt es hier nicht.

In der Eingangshalle beraten wir uns. Wie sollen wir vorgehen? „Direkt“, berät mich Punky. Toll, denke ich noch, da bin ich auch schon am Info-Schalter an der Reihe. Mir rast allerhand durch den Kopf.

„Ja, bitte?“ fragt eine freundliche, rundliche Dame mit einer gigantischen Brille, die ihr ständig über die Nase rutscht und die sie wieder und wieder nach oben zu schieben versucht.

„Ich möchte zu Silvie", platzt es aus mir heraus.

„Soso", schmunzelt sie. „Nachname?" Ich Knallkopf nenne ihr meinen. „Haben wir nicht. Tut mir leid." Ihr Gesicht unterhalb der Brille zeigt ehrliches Bedauern.

„N-Nein, ich habe meinen Namen genannt…" Ich nenne ihr Silvies Nachnamen. Sie lächelt erneut, blättert ein zweites Mal in einem dicken Stapel von Papieren und zeigt wieder ihr bedauerndes Gesicht: „Tut mir leid, haben wir nicht."

„Sie muss vor drei Wochen eingeliefert worden sein, zusammen mit ihrer Mutter, verstehen sie? Vielleicht ist sie schon wieder gesund? Können Sie nachschauen, ob sie überhaupt hier war?" Ich sehe sie so hilflos wie möglich an.

„Drei Wochen?" sagt sie. „Mit der Mutter?" Sie erhebt ihre ganze Masse und wombelt zu dem Regal hinter sich hinüber. „Achjeh." Sie stöhnt seufzend. „Wie immer ganz unten."

Langsam blättert sie die Akten durch und schüttelt dann den Kopf. „Hatten wir auch nicht. Tut mir echt leid, Kleiner."

Also, Alter, das ‚Kleiner' hätte sie sich echt sparen können. Ich fühle, dass sich mein Kopf beginnt zu drehen. Bevor ich in seinen Strudel gerate, frage ich direkt: „Wo kommen Mütter mit ihren Kindern hin, die vom Mann verfolgt werden und die untertauchen müssen?"

Die Lady schiebt ihre Brille hoch, zieht die Augenbrauen noch höher und sagt: „Ins Frauenhaus."

„Wo finden wir das?"

Ihre Miene wird sehr reserviert. „Daher weht der Wind! Dein Vater hat dich geschickt, damit du herausfindest, wo eure Mutter versteckt ist! Von mir hört ihr nichts mehr! Haut ab! Sofort!"

Sie steht ärgerlich auf, bringt die Akte zurück, schiebt die Brille beim Zurückkommen hoch und ruft über unseren Kopf hinweg: „Der Nächste, bitte!"

„Mist", sagt der krasse Bernd und Punky stimmt ihm mit zusammengepressten Lippen zu. „Was machen wir jetzt?"

Wir können nur mit den Schultern zucken. Draußen setzen wir uns auf eine Mauer und denken nach.

„Wir wissen nicht, ob sie hier war. Sie war aber wohl eher nicht hier. Selbst wenn sie hier gewesen wäre, wissen wir trotzdem nicht, wohin man sie gebracht hätte."

„Wir sind genauso schlau wie vor dem Besuch in diesem Krankenhaus, verdammt."

Ganz ehrlich, wir sind etwas verzweifelt. Was, wenn sie in die Stadt im Süden unseres Dorfes gebracht wurde? Was, wenn wir hier völlig falsch suchen? Hol uns der Hakelmann, auch wenn es ihn nicht gibt.

„Hört zu", entschließe ich mich. „Ich kannte einen ehrenwerten Mann, meinen Freund Onkel Benno. Er war hundert Jahre alt und weise. Er sagte mir: wenn du mit Überlegen nicht mehr weiterkommst, folge deinem Gefühl. Es täuscht dich nicht. Mein Gefühl aber sagt mir, dass sie hier ist. Hier in dieser Stadt, verdammtnocheins. Hört ihr das? Sie ist in dieser Stadt."

„Ok. Sie ist in dieser Stadt. Und nun?" Der krasse Bernd ist irgendwie noch hoffnungsloser als ich.

„Lasst uns dahin gehen, wo die Menschen sind, die alles verloren haben, auch ihre Familien. Ich kenne dort eine Frau, die vielleicht weiß, wo das Frauenhaus ist, weil sie selbst einmal dort gewesen sein könnte." Punky wirkt sehr entschlossen und ich finde seine Idee gut.

„Wo ist das?"

„Unter einer großen Brücke, nicht weit von hier. Dorthin kommen einige, um am Wasser des Flusses zu übernachten. Die Sache hat nur einen Haken."

„Welchen?"

„Sie kommen erst in der Dämmerung. Dann sollen wir aber schon wieder im Kloster sein."

„Wir haben keine Wahl. Bernd, fährst du zurück und berichtest Lars, wie die Lage ist? Und dass wir später kommen oder bei Punky übernachten? Bitte!"

„Ok. Wenn ihr etwas herausfindet, geht ihm nach. Wenn die anderen etwas herausfinden, gehen sie ihm auch nach. Unabhängig. Die Zeit drängt. Vereinbart?"

Ich nicke grimmig. „Einmal Fasanenschrei lang,

um zu prüfen, ob wir in der Nähe sind, ok?"

„Zweimal kurz, wenn das so ist. Viel Glück."

Der krasse Bernd wendet sich in Richtung Stadtzentrum und ist schon hinter der nächsten Kurve verschwunden.

„Fasanenschrei?" fragt Punky mit etwas verzogenem Gesicht. „Städter…" antworte ich nur mit einer gewissen Verachtung. „Ihr wisst so gut wie nichts. Lass uns gehen."

„Ach ja, Angeber? Und wohin? Soll der Städter dich mal ein wenig herumführen? Den vom Dorf?"

„'tschuldigung."

„Hm. Da entlang."

Wir gehen wieder hinüber zum Fluss. Ganz ehrlich: wenn ich an diesem Fluss bin, fühle ich mich zuhause. Er führt das Wasser, das unter unserer Baumhütte entlang floss. Er führt das Wasser, in dem Silvie ihren Fuß gekühlt hat, wie gesagt. Er führt das Wasser, das Silvies und mein gemeinsames Spiegelbild wiedergegeben hat.

„Joh", sage ich in Vipers Art und Weise.

Doch Punky beachtet mich nicht und schreitet mit großen Schritten voran. Es geht durch Parks, über Brücken, auf kiesigen, sandigen, steinigen Wegen entlang. Irgendwann nähern wir uns dem Ziel.

Punky hält an und sagt beschwörend: „Ich spreche, du nicht. Ist das klar?"

„Von mir aus. Aber warum?"

„Weil Morletta sehr ungnädig sein kann, verstehst du?"

„Ungnädig?"

„Ja, ungnädig."

„Morletta?"

„Ja, Morletta. Keiner weiß, woher der Name kommt. Man sagt, sie habe dem Tod ins Auge gesehen."

„So, wie der starke Uwe? Kann sie nicht schwimmen?"

„Hör auf mit deiner Missachtung, das rate ich dir."

„Schon gut. Morletta also. Ungnädig. Tod ins Auge gesehen. Alles klar."

Punky geht weiter, ohne mich zu beachten. Ein Rauschen nähert sich, immer wieder unterbrochen und unregelmäßig wiederkehrend. Wir gelangen zu einer großen Autobahnbrücke, über die der Verkehr hinweg geht. Die Brücke überspannt unseren Fluss. Wir suchen den Weg hinunter zum Ufer und unter die Brücke. Die Brücke ist ein gewaltiges Bauwerk, deren Betonwände so hoch aufragen, dass man die Tauben, die oben in Nischen nisten, nur klein wahrnimmt.

Unten am Ufer des Flusses finden wir ein Tohuwabohu vor: Müllberge, Matratzen, Deckenreste und Eisenkörbe auf Rollen säumen den Flusslauf. Keine Menschenseele ist zu sehen.

„Hier ist es." Punky wischt sich mit der Hand über den Mund.

„Was ist hier? Ich sehe viel Dreck und Unrat."

„Hierher kommt Morletta mit ihrer Mannschaft, um zu übernachten, wenn die Dämmerung einbricht. Übrigens erzählt man, sie würde alle fressen, die aus den Dörfern am Fluss stammen…"

„Soso, mein lieber Punky…"

Wir warten also. Wir warten, sitzen herum und schauen in den Fluss. Warten und…

„Wir sollten eigentlich langsam mal was essen. Wir haben aber nichts." Punky hat Hunger und schaut verdrossen vor sich hin. „Also?" „Weiß nicht… Geld haben wir nicht, ein Geschäft gibt es auch nicht."

„Gut, Hunger habe ich auch. Aber wir sind das gewohnt, wenn wir lange draußen sind. Dann isst man eben später. Andererseits haben wir auch Zeit, weil wir die Dämmerung abwarten müssen. Dann können wir uns auch was zu essen fangen."

„Hör auf, dich über mich lustig zu machen. Habe ich dir schon mal gesagt." „Es ist mein Ernst."

„Ach, ja? Und was kommt auf den Tisch?" höhnt jetzt er.

„Fisch mit Gemüse."

„Leck mich. Ich habe wirklich Hunger und mag es nicht, wenn du so einen horrenden Mist erzählst."

Statt das Gespräch ins Unendliche weiter zu führen, hole ich aus meiner Hose meine Angelschnur heraus und einen Blinker, den ich für alle Fälle immer dabei habe. Ich schneide mir von einer Weide, die in der

Nähe der Brücke steht, eine Rute, knote die Schnur fest und werfe sie mit dem Blinker aus. Punky ist verdutzt, schaut mir zu und sieht mich fragend an.

„An diesem Ort werden wir Barsche fangen, wenn die hier in eurer Stadt überhaupt leben", erkläre ich ihm meinen Plan. Er sieht mich doch sehr zweifelnd an. Ist mir aber egal.

In aller Ruhe mustere ich das Spiel der Sonne, die unter die Brücke scheint. Sie wirft ihren Schein schräg auf die Wasseroberfläche vor mir. Ein Blinker braucht Sonne, sonst blinkert er nicht. Ist doch klar. Ruhig, ohne Eile, ziehe ich den Blinker wieder und wieder durch die Strömung des sonnenbeschienenen Ufers. Schon nach einer halben Stunde ungefähr beißt einer an. Ein großer, das merke ich gleich. Der Barsch kämpft und ich spüre schon an seiner Kraft, dass er mehr als einen Viertel Meter haben wird. Vielleicht achthundert Gramm. Genug für uns beide jedenfalls. Als ich ihn bis in Ufernähe gedrillt habe, ist er müde und lässt sich ans Land ziehen. Punky starrt nur fassungslos, als ich ihn in die linke Hand nehme, ihm meine Beweggründe ins Ohr spreche, mein Messer ziehe und ihn töte.

„Mehr brauchen wir eigentlich nicht", sage ich und wickele die Schnur auf, stecke den Blinker wieder ein. „Jetzt zum Gemüse."

„D-Du hast ihn einfach erstochen…" stammelt Punky.

„Nein, Punky; ich habe ihm erklärt, warum ich ihn

töten muss. Wir wollen ihn essen."

„Ich werde nichts von ihm anrühren, sorry."

„Deine Entscheidung. Barsche schmecken gut und haben kaum Gräten."

Punkies Augen erstarren, als er sieht, dass ich dem Fisch den Bauch aufschneide und die Eingeweide herausnehme. Vorsichtig lege ich sie beiseite.

„Vielleicht gibt es ja auch Aale? Wir können es mal probieren, jetzt um die Uhrzeit. Nur die Strömung ist zu stark…"

Ich blicke mit gerunzelter Stirn über den Fluss, nehme einen Haken aus meiner Hosentasche und tausche den Blinker gegen ihn aus. Die Eingeweide kommen an den Haken, noch etwas Blei an die Schnur, damit alles hübsch am Boden bleibt, und raus damit.

„Aale suchen am Boden nach Aas…" erkläre ich Punky, was ich tue.

Punky schüttelt den Kopf: „Freak. Das ist eklig."

„Ach, ja, Städter? Aber in den Fischladen gehen und Fischfilet kaufen, ja?"

Mit dem Barsch steige ich ins Wasser und schuppe ihn ab. Dazu nimmt man die stumpfe Seite vom Taschenmesser und führt es so gegen den Strich der Schuppen, dass sie abspringen. Damit sie nicht so herumfliegen, mache ich das immer im Wasser. „Lockt außerdem gleich die Aale an, verstehst du?"

Punky sieht nicht glücklich aus, obwohl alles so gut klappt. Mit läuft schon das Wasser im Mund zusammen, wenn ich an die Fischsuppe denke, die ich kochen will.

„Komm mit, Punky. Vielleicht magst du ja lieber wilde Möhre. Hinten in der Sonne, außerhalb des Brückenschattens, habe ich welche gesehen. Und Klettenwurzeln. Dazu sammeln wir noch Brennnesseln und würzen alles mit Kerbel und Dost. Sieh nur, wie reich der Fluss ist!“ Meine Begeisterung wirkt leider nicht ansteckend.

„Klettenwurzeln? Wilde Möhre? Brennnesseln? Geht´s noch?“

„Ihr Städter seid komische Typen. Habt Hunger und jault herum. Aber wenn man euch Delikatessen anbietet, weist ihr sie zurück.“

„Wie willst du das Zeug überhaupt zubereiten? Du hast keinen Topf, keine Bratpfanne, nicht einmal Feuer hast du!“

„Was du nicht sagst, Städter.“

Eigentlich fühle ich Bedauern für diesen Typen, der sich nicht einmal selbst versorgen kann. Was hat der seine ganze Kindheit über nur gelernt? Straßennamen? Davon soll man satt werden? Ich beschließe, ihn nicht mehr aufzuziehen. Woher soll er alles wissen, wenn er es nicht gelernt hat?

„Okay, Punky. Wo immer du gehst, präge dir stets ein, was du Essbares findest. Das ist die erste Regel. Ich werde noch in der nächsten Woche wissen, wo etwas Essbares gewachsen ist. Vielleicht werde ich es nur für die Kaninchen sammeln, vielleicht für die

Schweine. Aber das meiste davon können wir selbst auch essen.

Regel zwei ist, immer aufmerksam zu sein, wo etwas Verwendbares herumliegt. Du fragst, dass man doch nicht vorher weiß, was man brauchen wird? Das stimmt zwar; aber wir drehen den Spieß um. Was immer wir sehen, checken wir auf seine Verwendbarkeit ab. Dadurch merkt man sich vieles und übt außerdem, sich zu überlegen, was man aus den Resten machen könnte. Ob du es glaubst oder nicht: es gibt kaum Reste, wenn man alles verwertet, was man verwenden kann."

Punky schaut zweifelnd.

„Hat mir Onkel Benno beigebracht", füge ich traurig hinzu.

Punky schaut immer noch zweifelnd.

„Punky, hinter mir ist links an der Brückenmauer ein Müllhaufen. Auf seiner Rückseite schaut ein Fünf-Liter Blecheimer mit dem Aufdruck ‚Vierfruchtmarmelade' heraus. Der wird unser Suppentopf. Holst du ihn bitte mal?"

Jetzt staunt Punky. Denn soviel er auch schaut, er sieht ihn nicht. Trotzdem läuft er hinüber und zieht ihn tatsächlich unter dem Müll hervor. „Respekt, Freak", murmelt er anerkennend.

Wir begutachten den Eimer. Er hat kein Loch und ist nur verschmutzt, nicht verrostet und auch nicht mit irgendetwas beschichtet. „Beschichtungen gehen gar nicht, Punky. Das geht sonst beim Kochen ins Essen und ist schädlich", führe ich aus. „Bitte wasch ihn im Fluss sauber, ja?"

In diesem Augenblick meldet sich Hacki und kläfft, weil meine Angel Richtung Ufer rutscht. Sofort bin ich bei ihr, nehme sie auf und schlage an. „Da sitz einer dran, da sitzt einer dran! Aber kein Aal, wieder ein Barsch."

„Woher willst du das wissen?"

„Aale schwimmen nicht, sondern schlängeln sich irgendwo fest wie ein Schweinehaken. Der hier schwimmt. Komm her! Nimm du die Angel und zieh ihn raus!"

Punky ist begeistert und nimmt die Angel fest in beide Hände. Sie zuppelt und ruckelt, flutscht hin und her. Er bringt das Ding nicht unter Kontrolle. Plötzlich entspannt sich die Schnur. Da fällt es mir wie Tomaten von den Augen!

„Verdammt, es ist ein Karpfen! Ich weiß nicht, warum der diesen Köder genommen hat, aber es scheint ein Karpfen zu sein. Schnell, gib die Angel zurück! Schnell! Er schwimmt zum Ufer, um den Haken auszuspucken!"

Kaum habe ich die Angel wieder in der Hand, stemme ich die Rute in meine rechte Seite, fasse mit der Rechten weit nach oben und greife mit der linken die Schnur. Wir haben ja keine Rolle zum Drillen! So schnell wie möglich verkürze ich die Schnur, bis ich den Widerstand des Fisches wieder spüre.

„Weg da, Punky, aus dem Weg!" Ich renne flus-

saufwärts, weil der Fisch eben diese Richtung eingeschlagen hat. Nur nicht die Spannung verlieren. Da
plötzlich wendet er sich um und zieht flussabwärts.
Er ist so stark, wie kein Barsch, kein Aal sein kann.
Nur ein Hecht würde das noch schaffen. Aber der
nimmt kein Aas! Nach einer Weile schwimmt er wieder auf mich zu, ich weiche zurück. Wendung, entge-
gengesetzte Richtung. Es geht hin und her – längst
habe ich das Gefühl für die Zeit verloren. Ich bin
ganz Angel, ganz Schnur, ganz Jäger.

Dann ist es so weit: der Fisch hat keine Kraft mehr,
und ich ziehe ihn Zentimeter für Zentimeter auf mich
zu. Als er noch zwei Meter vom Ufer entfernt ist,
taucht er auf. Ich glaube, mich laust der Affe.

„Ein Hecht!" Ich brülle so laut, dass man es wohl in
unserem Dorf noch hört. „Ein Hecht! Und was für
einer! Komm her, Punky, spring rein und wirf ihn
raus!"

„Was? Spinnst du? Guck mal, was der für Zähne
hat! Das mache ich bestimmt nicht!"

„Ich kann ihn aber nicht an der Schnur rausziehen,
weil er zu schwer ist! Dann komm her und halte ihn!
Rasch."

Glücklicherweise klappt das Übergabemanöver,
ohne dass der Hecht merkt, dass das seine Chance
war. Dann bin ich neben ihm im Wasser, fasse mit
beiden Händen unter den Bauch des um sich schla-
genden Fisches und werfe ihn mit einem kräftigen
Ruck hinaus ans Ufer. Bevor der Hecht weiß, wie

ihm geschieht, bin ich über ihm und murmele meine Formel, als er schon aufhört, sich zu regen.

„Was für ein Glück! Was für ein unglaubliches Glück!" Ich kann es kaum fassen und springe um den Hecht herum.

In diesem Augenblick geschieht wieder eines dieser Wunder, von denen ich schon einige erlebt habe, seit ich Silvies Freund bin: die Sonne steht mittlerweile so tief, dass sie unter die Brücke scheint. Sie beleuchtet die hintere Wand, die tief im Dunkeln gelegen hatte. Und genau mir gegenüber, nur ungefähr dreißig Meter entfernt, erkenne ich ein riesiges, gespraytes Graffiti an der Wand. Es zeigt das Bild eines großen Vogels mit schwarzen Federn und einem weißen Kopf, der aus den Sternen hinunterstürzt, die Fänge voran, den Schnabel weit zum Schrei geöffnet: ein Seeadler bei der Jagd. Ich reiße die Arme hoch, lege den Kopf nach hinten und schreie so laut ich kann den Seeadlerschrei in den betonierten Himmel der Brücke, die ihn zurückwirft, verdoppelt und vervierfacht.

„Punky!" Ich schreie immer noch lauthals. „Wir werden sie finden! Unser Seeadler ist hier und ich habe mit ihm einen Hecht gejagt! Juchu!" Beinahe hätte ich verraten, dass er unser Totemtier ist.

„Beruhige dich, Mann!" Punky hat mich nur noch beobachtet und abgewartet, dass mir Flügel wachsen.

Doch ich bin schon zurück auf der Erde und kommandiere ihn jetzt ein wenig herum. Muss aber sein, weil die Zeit drängt.

„Punky, suche bitte trockenes Holz zusammen für ein Feuer; so viel du kannst! Ich gehe die Wurzeln ausgraben, wenn ich den Hecht ausgenommen und geschuppt habe. Wird das ein Festessen. Nur schade, dass wir zu wenig Salz haben."

„Salz? Salz ist kein Problem", brummt eine tiefe, rauchige Stimme in unserem Rücken. Wir fahren erschreckt herum. Aus dem Schatten der Brückenwand tritt, mit der Sonne im Rücken, eine schwarze Gestalt. Sie ist nicht groß, nicht klein, ein wenig mager vielleicht. Sie trägt einen weiten Umhang und einen großen Schlapphut, wie ihn Schäfer gewöhnlich haben.

„Morletta..." flüstert Punky zu mir herüber.

„Gewiss. Morletta. Und du bist doch unser Punky, der uns vor zwei Jahren verlassen hat? Dir geht es offenbar famos! Was machen deine Eltern? Machen sie sich immer noch gegenseitig die Hölle heiß?" Sie kichert. Punky sagt nichts, sondern zuckt nur mit den Schultern. Er blickt aus den Augenwinkeln zu mir herüber. Es ist ihm ganz offenbar peinlich, dass er mal hier unter der Brücke gelebt hat.

„Und du? Was bist du für ein Bürschchen? Alle Achtung! Habe alles gesehen, habe alles gehört, habe nichts verstanden."

„Das ist Eagle, Morletta."

„Das ist Eagle, Morletta. Soso, Eagle. Du bist also

Eagle, der Adler. Unser Seeadler? Soso. Dein Totemtier? Dein Schutzgeist. Aber wessen noch? Wen wollt ihr finden und sucht ihn hier in meinem Revier? Raus mit der Sprache!"

Morletta spricht leise, aber nachdrücklich, sogar etwas ungeduldig. Hat sie meine Gedanken gelesen?

Ich habe mich inzwischen von meinem Schreck erholt. Statt Morletta zu antworten, drehe ich mich zu Punky um und reiche ihm meine Hand: „Ich nehme diesen Namen an und danke dir, Punky. Freundschaft!"

„Freundschaft." Punky schlägt ein.

„Hallo? Ist da jemand? Ich spreche mit euch, ihr Früchtchen!"

„Sorry, Morletta, aber das war wichtig. Jetzt aber will ich Ihnen alles berichten, was Sie wissen wollen."

Morletta legt den Kopf schief und kommt auf mich zu, sodass ich endlich ihr Gesicht erkennen kann. Ihre grauen Haare sind ungepflegt und wirr unter dem Hut. Die Zähne haben oben rechts eine Lücke. Ihre Haut ist sonnengegerbt und goldbraun. Doch trotz einer großen Zahl von Falten, die das Gesicht in viele Richtungen durchfurchen, schaue ich in jung gebliebene blaugrüne, fast sanft wirkende Augen, die in einem wundersamen Kontrast zu ihrer alten Haut stehen.

Morletta leckt sich über die Lippen. Sie sieht, wie ich sie mustere und zieht die Augenbrauen hinunter bis zur Nasenwurzel.

„Und? Gefalle ich dir?"

„Ich weiß noch nicht", sage ich ehrlich. „Der Tonfall Ihrer Worte passt nicht zu Ihren Augen."

Morlettas Augen reagieren einen winzigen Moment lang verwirrt und fassen sich erst nach ein paar Millisekunden wieder. Fast ein wenig verlegen, wirft sie den Kopf nach hinten, streicht sich eine Haarsträhne aus der Stirn und sagt: „Salz brauchst du also. Lass mich sehen. Dürfte kein Problem sein."

Sie wendet sich in Richtung Rückwand der Brücke und geht in den Schatten hinein, den die untergehende Sonne nicht erhellen kann.

„Los, Punky, beeil dich. Es wird bald dunkel."

Ich selbst putze den Hecht. Als ich ihn ausnehme, sehe ich, dass ein kleiner Aal den Köder gefressen hatte, bevor er selbst zur Beute wurde. Unglaublich. Ich schneide den Fischen die Köpfe ab und werfe sie in den Eimer, den Punky inzwischen gesäubert hat. Morletta nickt nur und versteht gleich, was ich vorhabe.

„Fischsuppe ist was Feines. Wo hast du gelernt, wie man sie kocht?"

„Onkel Benno hat mir Geschichten erzählt, solange er lebte und solange ich mich erinnern kann. Kurz bevor er starb, teilte er mir mit, dass alles, was er erzählte, wahr war. Tja, seitdem probiere ich alles aus, was ich von ihm weiß. Und für Fischsuppe hat er immer die Köpfe ausgekocht. Also wird es stimmen."

„Er hatte recht. So macht man das."

„Ich suche jetzt die Gemüse zusammen für die Suppe. Hast du vielleicht etwas Mehl, um Fladen zur Suppe zu backen?"

„Jungchen, du erstaunst mich aufs Neue. Ich schaue mal in meinen Wagen."

Tatsächlich hat sie im Schatten einen großen Einkaufswagen voller Behälter, Schachteln und Tüten stehen. Über diesen Wagen ist eine Plane geworfen, um Regen abzuhalten. Wir stöbern ein wenig und finden noch etwas Pfeffer und auch etwas Mehl.

„Machst du hier weiter? Ich suche das Gemüse."

Sie stimmt mir mit einem Augenaufschlag zu und sagt: „Es freut mich, dass du mich jetzt duzt." Ihre Stimme ist zwar immer noch rauchig, aber doch sehr sanft. Kein bisschen ungnädig jedenfalls.

In der Dämmerung muss man schon ziemlich genau hinschauen, was man da ausgräbt. Wenn Schierling dabei ist, war es das. Glücklicherweise ist die Erde feucht und gibt die Wurzeln leicht her.

Punky hat große Mengen Holz herangeschleppt, Morletta macht Feuer an und setzt den Topf hinein. Bald köcheln die Fischköpfe in dem Wasser, in dem sie vorher noch geschwommen sind, und ein leckerer Duft verbreitet sich unter der Brücke, unter der es immer dunkler wird. Bald werfen wir, die wir am Feuer arbeiten, hin und her flackernde Schatten an die Wände. Wir säubern das Gemüse, schneiden es zu und sind so in unsere Vorbereitungen vertieft, dass wir zunächst nicht bemerken, wie vier weitere dunkle Gestalten unter der Brücke ankommen und sich um uns scharen, vom Feuerschein und vom Essensduft angezogen.

„Na, Morletta, hast für uns gekocht?" fragen die schwarzen Gesichter unter Hüten, Hauben und Tüchern. Sie kichern, reiben sich die Hände, einer ruft „Verdammte Mücken!" und schlägt um sich. Ein anderer blickt nervös hinter sich.

„Nichts da! Ihr Taugenichtse. Das Bürschchen dort, Eagle, hat für uns gekocht. Brennnesselsüppchen mit Hechtfilet und wilder Möhrenwurzel. Das lässt sich sehen, ihr Vagabunden."

Wir entscheiden uns, nur die Brennnesseln und die Blätter von Klette und Kerbel abwechselnd mit dem Fisch in den Topf zu schichten. Die Wurzeln bereiten wir in einer kleinen Büchse getrennt davon zu, weil sie doch sehr bitter sind. So wie früher wahrscheinlich alle Gemüse geschmeckt haben, bevor sie mild gezüchtet wurden. Bei meiner Suche habe ich an einem Gartenzaun noch Topinambur gefunden. Die Knollen können wir roh essen. Sie müssen nur gewaschen werden.

Morletta hat den Deckel des Eimers als Bratpfanne verwendet und hat aus Mehl und Wasser mit Kräutern wie Gundermann und Fenchel kleine Küchlein gebraten.

Na, irgendwann ist alles fertig und wir hocken uns

voller Erwartung um das Feuer. Ich bin so zufrieden mit allem und so unglaublich froh, weil ich in meinem Inneren spüre, dass ich morgen meine Silvie wiedersehen werde! Jedenfalls kommt es über mich und ich stehe auf und sage feierlich: „Ich danke der Erde für die Brennnesseln und die Wurzeln, ich danke dem Fluss für die Fische, ich danke der Luft für den Duft des Essens, danke dem Feuer, durch das wir alles erst zubereiten können, und danke unseren Freunden, deren Anwesenheit uns das Essen erst zum Genuss werden lässt."

Morletta und ihre Leute sind sprachlos und schauen mich groß an. Punky durchbricht das Schweigen und sagt entschuldigend: „Lasst ihn einfach. Ganz dicht scheinen die vom Dorf nicht zu sein."

Er schaut von einem zum anderen, dann wieder zu mir: „Und? Essen wir das Zeug nun auch?"

Der Bann ist gebrochen. Alle äugen in den Topf.

Da wir nur einen Löffel und einen Teller von einem der Leute haben, müssen wir ihn von einem zum anderen geben. Gekocht wird hier offenbar sonst nicht. Wir sehen im Gesicht jedes Einzelnen, wie sich die Wärme des Essens in ihm ausbreitet und ihn zufrieden macht.

„Junge, Junge!" hört man da.

„Gibt es denn sowas!"

„Gar nicht mal so übel."

„Scheußlich ist was anderes."

Also gut, Loben müssen sie noch lernen, die Typen.

Praktisch ist, dass es bei Lage der Dinge keinen Abwasch gibt… Mir fällt nach dem Essen auf, wie kalt mir wird. Längst ist es dunkel, die Feuchtigkeit ist aus dem Fluss gestiegen, unter der Brücke hängen geblieben und fällt von oben wieder auf uns herab. „Komm, Eagle, ich leihe dir einen Umhang", sagt Morletta mit sanft-rauer Stimme. Ich glaube, sie mag mich. Die Decke stinkt erheblich nach Moder, aber ist noch relativ trocken. Am Feuer ist mir bald warm.

„Nun, Eagle und Punky, lasst hören, was euch hier in meinen Abschnitt treibt." Morletta muntert uns auf, ihnen unsere Geschichte zu erzählen.

Punky macht es sich leicht: „Eagle sucht seine Freundin, die vielleicht hier in unserer Stadt im Frauenhaus gefangen gehalten wird. Er will sie zurück ins Dorf holen. Von dir wollen wir wissen, wo dieses Haus ist, um abzuchecken, wie wir sie befreien können."

„Gefangen gehalten, mein lieber Punky ist nicht richtig." Morletta legt Holz nach. „Geschützt trifft es besser. Dass die Häuser gegen Eindringlinge geschützt sind, siehst du daran, dass der Stacheldraht außen angebracht ist."

Als sie wieder sitzt, fragt sie mich: „Erzählst du uns von deiner Freundin?" Die anderen Leute schauen, weit weniger gespannt als Morletta, flüchtig zu mir herüber. Ich beschließe trotzdem, ihnen alles zu erzählen, alles.

Doch bevor ich loslege, blicke ich von einem zum

anderen in der Runde und frage: „Wir haben zusammen von einem Löffel und aus einem Topf gegessen. Ich werde euch von mir und meiner Freundin erzählen. Ist es deshalb nicht mehr als gerecht, wenn ihr mir in aller Kürze eure Namen nennt und sagt, warum ihr hier unter der Brücke zusammen seid?"

Morletta nickt und übernimmt die Antwort für die anderen: „Du hast alles Recht, danach zu fragen und wir haben hier am Fluss offenbar unsere guten Sitten vergessen. Ich werde dir deshalb diese Raubeine des Brückenschlamms vorstellen: hier direkt neben mir, dieses lange Elend mit den viel zu kurzen Hemdsärmeln und Hosenbeinen, ist Lothar, der weltbeste Finder von Essensresten, die noch zu schade für die Ratten sind. Er ist hier, weil ihn seine Mutter aus dem Haus warf, als er auf die Fünfzig ging. Nicht wahr, du verlauster, vereinsamter Bettvorleger?"

Lothar schaut fast etwas verschämt, grinst so breit, dass man all seine Zahnlücken sieht und seufzt. „Und dann ist Mutter bald gestorben... aber jetzt bin ich hier und alles ist wieder gut." Er blickt zu Morletta hinüber und seine Augen fragen, das stimme doch? Morletta schließt die Augen und nickt langsam, was Lothar glücklich macht.

Morletta fährt fort: „Die junge Dame neben Lothar ist Natascha." Sie macht eine Pause und lässt ihren Blick auf einer jungen Frau ruhen, die sich eine Decke um ihre bloßen Beine gewickelt hat und so vor den Mücken schützt. Sie sitzt noch vorn gebeugt und starrt ins Feuer. Ihre Haare haben sich gelöst und fallen über ihr Gesicht, das sie in eine Hand gestützt hat, während die andere eine qualmende Zigarette hält. Natascha schaut auf, als ihr Name fällt. „Die Geschichte von Natascha ist so schrecklich…", fährt Morletta leise fort, „dass ich sie nicht erzählen werde. Das einzig Gute ist, dass sie hierher geflohen ist und niemand sie hier vermutet." Morletta seufzt und Natascha versinkt wieder in ihren eigenen Gedanken.

Der Mann neben Natascha springt auf und zieht den Hut. „Friedhelm, mein Name ist Friedhelm. Pianist. Metropolitan, Berlin, Sydney. Sehr angenehm. Lekkeres Essen."

Er verbeugt sich vor Punky und mir, blickt hinter uns, als sähe er dort die Ränge des Orchestersaales voller applaudierender Menschen, und nimmt wieder auf seiner Kiste am Feuer Platz. Er setzt seinen Schlapphut auf und hört aufmerksam weiter zu.

Morletta nickt ihm zu und ergänzt über ihn: „Friedhelm war ein großer Pianist, bis ihn seine über alles geliebte Frau verlassen hat. Das hat ihn aus der Bahn geworfen. So einfach kommt man hierher."

Ihre Augen verweilen nun auf dem letzten in der Runde. Eine hagere Gestalt, die ruhelos hin und her blickt. Manchmal scheint der Mund des Mannes zu lächeln, manchmal kneift er die Augen zusammen und verharrt in seiner Bewegung. Er lauscht, schaut hinter sich und schüttelt den Kopf. „Dich, mein lieber Freund, schätzen wir alle, wenngleich wir deinen

Namen nicht kennen."

So spricht Morletta den Mann fast liebevoll direkt an, der mir schräg gegenüber sitzt. „Wir nennen ihn unseren Wächter. Er schläft nie und passt jede Nacht auf uns auf. Wir wissen nicht, was ihm geschah und was ihn hierher brachte. Er spricht nicht. Aber er ist einer von uns."

Als Morletta geendet hat, warte ich noch, weil ich annehme, sie werde noch über sich selbst sprechen. Tut sie aber nicht. Man hört nur das Knistern des Holzes im Feuer und sieht die flackernden Schatten an der Brückenwand. Als hätte sie meine Gedanken erraten, hebt Natascha ihren Kopf, zeigt mit ihrem gereckten Kinn zu Morletta hinüber und sagt mit einer überraschend schönen, wohlklingenden Stimme: „Die da glaubt, sie hätte ihre eigenen Kinder totgefahren. Ist mit ihnen und ihrem Mann aus dem Frauenhaus mitgegangen, in das sie seinetwegen eingezogen war. Schon im Auto kam es zum Streit und er ist dort hinten mit allen an die Brückenmauern gefahren. Sie hat als einzige überlebt und verlässt diesen Ort nicht mehr, weil sie Buße sucht, die kaputte Rechtsanwältin. Stimmt´s nicht, Alte?"

Morletta holt tief Luft, wischt sich mit den Fingern durchs Gesicht und antwortet zunächst nicht. Ihr Flüstern verstehe nur ich, der neben ihr sitzt: „Hier ist das Fegefeuer für mich…"

Ich aber bin bedrückt von so viel Leid, das ich erfahren habe und frage mich, wie Punky da wieder herauskommen konnte.

Ich bekomme einen ungeheuren Respekt vor ihm und vor all diesen Menschen, die das Schicksal hier versammelt hat, um mir weiterzuhelfen.

„Ihr alle habt guten Grund, verzweifelt zu sein, das verstehe ich jetzt. Ihr habt vergeblich nach eurer zweiten Hälfte gesucht oder sie verloren. Auch ich war verzweifelt. Doch ich sage euch, man darf nicht verzweifeln, so hat es mir Onkel Benno beigebracht. Und er war ein weiser Mann.

Hört also die Geschichte von mir, meiner Freundin Silvie und diesem Straßenköter Hacki, die aber nicht heute enden darf, sondern mit eurer Hilfe ihre Fortsetzung erfahren muss.“

Ich werfe noch einige Holzscheite nach und hülle mich fest in meine Decke.

„Wir hatten Deutsch bei Herrn Linke...“ beginne ich und während ich alles, was geschehen ist, in mir heraufbeschwöre, blicke ich vor mir ins Feuer und ich berichte die Geschichte, die ich Dir bis hierhin ebenfalls bereits erzählt habe.

Es ist still, als ich ende, und das Feuer ist bereits heruntergebrannt.

Morletta, die ihre grünblauen Augen keinen Moment von mir genommen hat, flüstert so, dass nur ich es hören kann: „Acker 85. Geht jetzt.“ Lauter sagt sie zu Punky: „Grüß deine Mutter, die uns damals mit dir verlassen hat!“

Um Mitternacht sind wir am Wohnblock angelangt, in dem Punky wohnt. „Du kommst natürlich mit hoch", lädt er mich ein. Und natürlich gehe ich mit, weiß ich doch nicht genau, wo ich bin und wie ich ohne die Sonne und ohne die Straßennamen zu kennen zum Kloster zurückfinden soll. „Du musst leider unten bleiben, Hacki. Leg dich dort in die Büsche. Wir sehen uns morgen Früh. Gute Nacht." Ich kraule ihn noch hinter dem Ohr, dann verschwinden er im Busch und wir in der Haustür.

So leise Punky die Wohnungstür auch aufschließt: seine Mutter ist sofort bei uns und nimmt ihn in den Arm.

„Wo warst du nur so lange, Punky? Ich habe mir Sorgen gemacht!"

„Wir waren bei Morletta, um etwas Wichtiges von ihr zu erfahren. Wir sollen dich von ihr grüßen."

Mir entgeht nicht, wie Punkies Mutter bei Morlettas Namen zusammenzuckt. Doch bedankt sie sich für den Gruß.

„Darf mein Freund Eagle heute hier übernachten? Er schafft es nicht mehr bis zum Kloster hinüber."

„Na klar."

Punkies Mutter ist scheinbar voll in Ordnung.

„Duscht euch! Ihr stinkt zum Himmel. Nach Rauch, Fisch und Moder. Wo habt ihr euch nur herumgetrieben? Eagle, ich gebe dir was Frisches zum Anziehen von Punky, ok?"

„Gern. Und danke."

Das ist alles, was ich heute Abend noch von mir gebe. Nach der heißen Dusche krieche ich sofort unter eine warme Decke, merke noch, wie Feuchtigkeit und Kälte meine Knochen verlassen und penne augenblicklich fest ein.

Fasanenschreie

Morgens sind wir früh wach und sofort aufgeregt. Es ist Sonntag - der Tag der Entscheidung. Niemand weiß, ob Silvie wirklich in jenem Haus zu finden sein wird. Ob sie überhaupt in dieser Stadt war, wissen wir auch nicht. Nur mein Gefühl sagt es mir und nichts weiß ich sicherer, als dass ich sie heute noch wiedersehen werde. Punky legt seiner Mutter einen Zettel hin, dass er abends wieder da sein werde und dass sie sich keine Sorgen machen solle. Dann sind wir raus, sammeln Hacki auf und sprinten zur Bushaltestelle.

Natürlich weiß Punky, wo der ‚Acker' ist, war aber noch nie wirklich dort. Der Grund zeigt sich schon bald: nördlich vom Stadtzentrum gibt es eine Gegend, in der sich mitten in der Stadt Kleingärten ausbreiten. Die Straßen gehen um diesen Bereich herum, nur Rad- und Fußwege führen hindurch. Der Weg ‚Acker' quetscht sich zwischen den Kleingärten hindurch, biegt mal links, mal rechts ab, verzweigt sich, trifft wieder aufeinander. Hausnummern gibt es schon gar nicht. Zäune gibt es jede Menge. Dahinter meist Hecken, nur kurze Durchblicke auf kleine Hütten, gelb oder rot bemalt, mit Veranda oder mit Pergolen. Regentonnen, Holzstöße, kleine Verschläge mit Herzchen in der Tür. Beete mit Kartoffelpflanzen, deren Grün schon braun ist, Brombeerbüsche, die noch tragen. Kurz, die Lage ist unübersichtlich. Vor allen Dingen aber kann man sich nicht vorstellen, wo hier ein Haus versteckt sein soll, in das man fliehen kann, um unterzutauchen.

„Das ist doch der Trick, Mann!" Punky schüttelt den Kopf. „Wir müssen allerdings überlegen, wie wir bei der Suche vorgehen müssen."

„Eines ist klar: Hacki muss mithelfen; er hat die beste Nase und reicht dorthin, wohin wir nicht sehen können. Hacki! Komm her!" Hacki trottet heran und ich hole Silvies Halstuch aus meinem Hemd, das ich immer bei mir trage, seit sie es mal im Stroh des Schweinestalls verloren hat. Immer, wenn ich mich allein fühle, hole ich es heraus und halte die Nase tief hinein und sauge ihren Duft in mich auf, wie es jetzt Hacki mit seiner Nase macht. „Such! Such Silvie, Hacki!"

Hacki schnüffelt hier und da, riecht aber nichts. Wäre ja auch ein Ding gewesen, wenn das so einfach klappt. Immerhin hat er sie jetzt wieder auf dem Schirm.

„Tja, Punky, ich glaube, es lohnt sich, die anderen zu holen. Was denkst du?" „Dadurch verlieren wir mindestens zwei Stunden, wenn sie überhaupt bis dahin noch im Kloster sind. Man müsste eine Brieftaube hinschicken, wenn man eine hätte."

Minuten vergehen, ratlos stehen wir herum und blicken in alle Richtungen. Onkel Benno schaltet sich mal wieder in meinem Kopf ein: ‚Pech und Schwefel, wozu hast du Knilch dein Herz? Es schaut durch

Mauern, über Gärten bis ans Ende der Welt! Ich denke, das müsste doch reichen, heh? Ist nicht Silvie das Ende der Welt für dich?' „Entschuldige", murmele ich laut. „Ich habe einen Moment gezweifelt…"

„Was ist?" fragt Punky.

„Nichts. Wir müssen dort geradeaus. Ich weiß es."

„Soso, Mr. Eagle weiß es aus dem Nichts… Ist aber eigentlich egal, wo wir anfangen."

Punky trottet hinter mir her und ich folge meinem Herzen in das Wegelabyrinth hinein.

Wenn man erst einmal losgegangen ist, bemerkt man plötzlich, dass der Ackerweg etwas breiter ist als die Seitenwege. Vielleicht auch nur etwas mehr von den Grünpflanzen freigehalten wird. Jedenfalls ist er wie unser Fluss, auf dem man ja auch nicht auf die Seitenarme gerät. So gehen wir ein ganzes Stück, mustern ein Gartenhäuschen nach dem anderen, schicken Hacki hier und dorthin zum Schnüffeln. Plötzlich sagt mir mein Herz, dass meine Silvie vielleicht irgendwo sitzt und darauf lauscht, dass wir kommen.

„Warte, Punky. Ich suche Silvie mit dem Fasanenschrei." Natürlich tippt sich Punky wieder mal an den Kopf und sagt, die vom Dorf würden spinnen…

Morgens am Sonntag in der Kleingartenkolonie: Stille pur. Dann ein Fasanenschrei, der die Stille zerschneidet, wie ein Alarmruf. Fasanenschrei, einmal, lang: Ist da jemand, der mich versteht?

Natürlich nicht. Wäre, wie gesagt, ja auch zu leicht,

225

mein Herz. Aber trotzdem; die Idee ist gut. Meint auch Punky, der nur ein gequältes Quieken aus den Daumen bekommt.

So wird unsere Suche langsam gründlich: Hauptweg entlang gehen, nach 50 Metern Fasanenschrei. Lauschen, Hacki voraus schicken, hinterher, Fasanenschrei, Lauschen.

Noch mal Lauschen; nochmal Fasanenschrei lang. Antwort! Hol mich der Hakelmann! Antwort! Fasanenschrei zweimal kurz: ja, ich bin hier und verstehe dich!

„Punky! Sie ist hier! Sie antwortet! Sie ist hier." Ich bin so aufgeregt, dass meine Hände zittern, nur ein zerfetzter Schrei kommt heraus. Ich zwinge mich zur Ruhe. Sie kann nicht kommen, denke ich. Ist eingesperrt, sorry Morletta, geschützt. Also müssen wir zu ihr. Fasanenschrei einmal lang, einmal kurz; dreimal wiederholen. Antwort: zweimal kurz.

„Los, los, Punky. Du gehst schräg vor mir. Immer wenn du den Schrei hörst, zeigst du mir die Richtung." „Aber du hörst es doch selbst!"

„Punky, ich erkläre dir alles später. Wir Dörfler haben´s drauf, hörst du? Es ist genauer, wenn wir von zwei Punkten aus orten."

Fasanenschrei einmal lang. Antwort: zweimal kurz. Punky zeigt nach rechts, ich höre es auch halbrechts, wir gehen weiter voran. Unser Schritt beschleunigt sich, je lauter die Antwort kommt. Ich kann meine Freudentränen schon kaum noch zurückhalten.

Da kommen wir um die nächste Ecke und – eine Welt bricht in mir zusammen: unsere Leute, vom starken Uwe bis zum krassen Bernd schauen zu uns herüber und winken erfreut. Sie waren es, die geantwortet haben, nicht meine Silvie. Mein Herz, mein Herz! Wohin hast du mich geführt?

Alle haben meine zutiefst empfundene Enttäuschung bemerkt, umringen mich und frotzeln, das sei ja eine schöne Begrüßung!

„Sorry, Leute, ist nicht bös´ gemeint", würge ich heraus. „Ich dachte nur, meine Silvie hätte geantwortet…"

Während noch alle um mich herumstehen, habe ich mich wieder erholt und frage die Truppe: „Wie kommt ihr überhaupt hier her? Punky und ich haben uns die ganze Nacht um die Ohren geschlagen, um die Adresse heraus zu bekommen!"

„Tja, solltest die Angelegenheit vielleicht Leuten überlassen, die was von der Sache verstehen!" stichelt der starke Uwe stolz. „Ganz ehrlich", fährt der treue Bernhard fort, „Wir haben im Krankenhaus sofort erfahren, dass Silvie dort mit ihrer Mutter eingeliefert wurde. Wohin sie entlassen wurden, wollten sie uns allerdings nicht sagen. Datenschutz, haben sie gesagt."

„Doch Lars hat über seine Kirchenkanäle heraus bekommen, dass das Haus, in dem sie untergekommen sein müssten, hier in der Gartenkolonie liegt", fügt der krasse Bernd hinzu. „Joh, jetzt müssen wir es nur noch finden. Alles klar?" Viper meint, es müsse ja jetzt, da wir wieder alle beisammen sind, recht zügig gehen.

„Planung ist nützlich, Jungs", er zieht einen Stadtplan aus der Tasche. „Wir sind jetzt hier", er weist mit seinem Finger auf eine Kreuzung auf dem Plan. „Wir sollten Zweiergruppen bilden. Die erste Gruppe nimmt den Sektor hier oben, die zweite dort rechts und die dritte links. Danach treffen wir uns und durchstreifen gemeinsam die Gegend hier unten." „Wenn du jetzt noch statt oben, unten, rechts und links die Himmelsrichtungen genannt hättest, wärest du schon fast einer von uns, Jungchen." Der krasse Bernd stimmt Viper zu.

Punky ruft: „Ok, ich bleibe weiterhin bei Eagle." Acht Augen richten sich auf ihn:

„Eagle?"

„Ja, er hat seinen Namen verdient und hat ihn akzeptiert. Stimmt´s, Eagle?"

Ich erröte nach langer Zeit mal wieder und sage bescheiden, es sei jetzt nicht die Zeit, darüber zu berichten und nicht ich selbst könne bestätigen, dass ich den Namen zurecht trüge. Ich würde mich aber zu gegebener Zeit bereitfinden, über den Anlass, mir diesen Namen zu verpassen, Auskunft zu geben. Dann mögen die anderen ihr eigenes Urteil fällen.

„Nur keinen Stress, Eagle, ich werde dich jedenfalls weiterhin so nennen, ok?"

Der krasse Bernd sagt: „Nach dem, was wir schon

mit ihm erlebt haben – ich erinnere nur an den Flug vom Förderband – halte ich keinen Namen für besser. Ich schließe mich Punky an, Eagle."

Bernd schlägt in meine Hand ein und alle anderen folgen. Ein bisschen stolz bin ich schon auf meinen Namen, verstehst Du vielleicht sogar. Es ist eine besondere Ehre, den Namen seines Totemtiers zu tragen; obwohl die anderen das nicht einmal wissen, sondern nur Du. Und Silvie natürlich.

Wir verabreden, uns in zwei Stunden wiederzutreffen, und gehen auseinander.

Als Punky und ich allein sind, nehme ich ihn am Arm und sage leise zu ihm: „Punky, ich weiß, dass wir den östlichen Sektor absuchen sollen; aber ich spüre, dass Silvie im Süden auf mich wartet. Ich spüre das, verstehst du?"

„Freak."

„Kommst du mit nach Süden?"

„Klar."

Wir sind nicht weit gegangen, haben drei Male Fasanenschrei lang gerufen, als wir vor einem Gebäude stehen, das anders als alle anderen aussieht: die Haustür mündet direkt auf den Weg. Die Hecken sind meterhoch und lassen keinen Blick in den Garten zu. Sie reichen auch bis an das Haus heran.

„Das ist es." Ich gehe unwillkürlich in die Hocke, als wollte ich mich anpirschen. Punky tut es mir nach und wir beobachten das Haus, in dem sich nichts bewegt. Ich winke Hacki heran, der schon nervös genug ist. Hat er schon Witterung aufgenommen? Er jault leise und fiept ungeduldig. „Du riechst Silvie?"

„Was machen wir jetzt? Einfach klingeln und nachfragen?"

„Das geht wohl gar nicht. Die lassen uns doch nicht einfach zu Besuch hinein, wenn sie sich nicht verraten wollen."

„Lass uns vom Haus weg an der Hecke entlang einen Eingang suchen."

Wir huschen zur Hecke hinüber, die uns jetzt selbst verdeckt und zu unserem Sichtschutz wird.

Wir sind ja vom Dschungel schon einiges gewöhnt. Aber diese Hecke hier ist etwas Besonderes, kann ich Dir sagen. Kein Durchkommen und kein Blick nach innen möglich, potztausend.

Wir stellen bald fest, dass sich in der Mitte der Hecke ein Zaun befindet. Den sieht man erst, wenn man sich einen Meter in die Hecke wühlt. Die Hecke ist eine Feuerdornhecke, falls Dir das was sagt. Nur ein Hinweis: hübsch rote oder gelbe Früchte aber Dornen, sagen wir mal, dornröschenmäßig. Da bleibt kein Auge trocken und kein Zentimeter Haut heil.

Als wir endlich so weit durchgedrungen sind, dass wir den Draht sehen, bemerken wir, dass der Zaun in zwei Meter Höhe nach außen geklappt ist, ungefähr fünfzig Zentimeter. Ganz wie Morletta es angedeutet hat. Man soll nicht eindringen können.

Schon jetzt ziemlich zerschunden beraten wir uns.

„Kein Zweifel, dass es das Haus ist."

„Wir müssen den anderen Bescheid geben."

„Die erreichen wir von hier nicht und sie kommen in zwei Stunden selbst hinzu."

„Hm."

„Ok, Punky, dann geh du bitte allein und hole sie hierher. Ich suche mit Hacki eine Spur von Silvie und eine Möglichkeit, in den Garten zu kommen. Wenn ihr hier seid, wissen wir schon mehr."

Punky nickt und läuft Richtung Norden davon.

„Komm, Hacki. Du bist dran. Such! Such Silvie!"

Mein Plan ist, auf die Rückseite des Hauses zu kommen. Möglicherweise gibt es ja eine Straße hinter dem Garten des Hauses. Jedenfalls lagen alle Gärten bislang zwischen zwei Straßen oder Wegen.

Links und rechts neben dem Grundstück befinden sich weitere Gärten, sodass da kein Durchkommen ist. Wir entscheiden uns, rechts entlang zu gehen und finden nach einiger Zeit tatsächlich einen Weg nach links. Und wenig später noch einmal links. ,Perfekt. Gewonnen', denke ich. Die Hecke des Ackers 85 wiederzufinden, ist nun ganz leicht. Die roten Beeren des Feuerdorns leuchten mir schon entgegen, und ich grinse grimmig.

„Blut und Schmerzen, Hacki, für Silvie."

Die Dornen sind fünf Zentimeter lang. Die Zweige dünn und biegsam, ineinander verwachsen, verknotet, verworren. Man kann sie nicht auseinanderbiegen, man kann eigentlich nicht hinüberklettern, höchstens eine Decke drüber werfen und vorsichtig hinüber krabbeln. Geht aber auch nicht, weil der Zaun dem im Wege steht. Mist.

Da fällt mein Blick auf einen alten Baum, eine Buche, die in der Nähe der Hecke am Wegesrand steht und ihre weit ausladenden Äste bis hinüber über die Hecke erstreckt.

„Bingo, Hacki, kein Blut, nur Schmerzen."

In diesem Augenblick geht eine Veränderung mit Hacki vor: er spitzt die Ohren, hält die Nase in den Wind, jetzt in Richtung Hecke, und beginnt zu fiepen. Sein Schwanz fängt an zu wedeln und er kläfft Richtung Hecke.

„Sag bloß, du riechst Silvie?"

Ich bin vorsichtig mit meinen Hoffnungen. Doch Hacki hört nicht auf zu jaulen und versucht seinerseits, in die Hecke einzudringen. Nach kurzer Zeit bleibt er quiekend in den Dornen hängen. „Mann, das ist Feuerdorn! Hornochse!"

Was jetzt?

Fasanenschrei lang. Silvie, du musst es erkennen. Antwort aus der Ferne: Zweimal kurz. Ok, das sind Punky und alle anderen. Ich rufe einmal kurz, einmal lang: Kommt her. Zweimal kurz kommt zurück. Alles klar.

„Hacki, los! Lauf den anderen entgegen! Sie sollen sich beeilen.

Der Stamm der Buche ist glatt, erst viel zu weit oben sehe ich Äste, an denen man sich festhalten könnte.

Da kommt ein gequälter, verunglückter Fasanenruf aus dem Inneren des Gartens: einmal lang, ist da jemand? Silvie! Silvie! Silvie! Antwort zweimal kurz; einmal kurz, einmal lang: komm hierher!

Zweimal kurz, nicht mehr verunglückt.

„Silvie! Silvie!" Ich schreie, so laut es nur geht. Zweimal kurz.

Dann höre ich nichts mehr, außer dass sich ein Fenster schließt. Geschützt! Verdammtnocheins! Ich muss da rein.

Die anderen kommen um die Ecke gerannt; ich winke sie heran und bedeute ihnen, sich zu beeilen, als ginge es um Silvies Leben.

„Uwe, Räuberleiter!" Der stellt sich sofort an den Baum, ich greife in seine Haare und stehe schon auf seiner Schulter. „Reicht nicht! Halt den Nacken gerade!"

„Das tut weh, Mann!"

„Beiß die Zähne zusammen!" Ich stehe jetzt auf seinem Kopf, erfasse den untersten Ast und rufe gequetscht hinunter: „Ich habe ihn. Lass mich los und schieb mich nach oben, soweit du kannst!"

Das tut Uwe und wir sind froh, solch einen großen und starken Uwe auf unserer Seite zu haben.

Bernhard kommt mir nach. Beide schauen wir über den Zaun in den Garten. Er ist in viele Beete aufgeteilt; man erkennt eine kleine Rasenfläche, viele Blumen. Zur Rückseite hin, also zu uns hin, verwildert der Garten, war ja klar. Vor uns ein Brennnesselmeer, was sonst. Warum darf ich nicht mal auf Gänseblümchen springen?

„Schmerzen", murmele ich. „Blöder sind die Steinhaufen zwischen den Nesseln."

Bernhard hat recht. Wenn man da drauf springt, macht der Knöchel nicht mehr mit. Das Gejaule von Hacki macht mich nervös.

„Mann, sei mal still!" rufe ich hinunter. Hacki ist beleidigt und legt sich unter den Baum.

Es scheint gerade erst Leben in den Sonntagmorgen dieses Hauses zu kommen. Fensterläden öffnen sich, Geschirr klappert, erste Stimmen werden hörbar.

Da öffnet sich seitwärts eine Tür und eine schlanke Gestalt tritt in den Garten hinaus. Sie schlendert ohne erkennbares Ziel mal an dieses Beet, mal an jenes, bückt sich und pflückt ein Blümchen. Ihr Blick huscht zu uns herüber, doch schnell wieder zurück zum Haus. Langsam nähert sie sich dem verwilderten Teil des Gartens.

„Silvie. Sie ist es", sage ich leise. Bernhard nickt. Er zeigt seinen nach oben gereckten Daumen zu den Leuten unter dem Baum, die sich gegenseitig in die Hände klatschen.

„Ich gehe allein, hörst du? Ich hangele mich bis in den weichen Teil des Astes dort. Wenn er sich so weit gebogen hat, dass ich nicht mehr über dem

Steinhaufen hänge, rufst du es mir zu. Dann gelingt es." Bernhard nickt.

Mir ist schon schlecht vor Aufregung. Als ich beginne, mich nach draußen zu hangeln, sehe ich noch, dass Silvie uns entdeckt hat und auf uns zugelaufen kommt.

Der Ast gibt bereits nach und senkt sich. Doch Bernhard ruft nicht. Ich hangele weiter nach außen, der Ast biegt sich noch mehr und droht zu brechen. Da endlich höre ich „Jetzt!" und lasse mich fallen. Meine Füße, meine Beine sind so angespannt wie möglich, um den Aufprall abzufangen.

Im Fallen merke ich, dass ich nicht hinter, sondern vor dem Steinhaufen landen werde, zu weit an die Hecke heran geraten bin. Die ersten Dornen schlitzen mir mein Hemd auf, einer dieser verdammten Dolche ritzt meine Haut am Rücken. Dann bin ich unten und stürze rücklings in die Hecke.

Mann, ich sage Dir, es gibt nichts Schöneres, als wenn Dich aus dieser Situation die Hand Deiner Freundin rettet: Silvie tritt heran, reicht mir ihre Hand und zieht mich aus dem Schlamassel.

„Mein Blutsbruder..." sagt sie leise zu mir und Tränen laufen aus ihren Augen.

„Meine Silvie..." antworte ich ebenso leise und schließe sie in meine Arme.

Auch meine Augen können in diesem Augenblick der unbeschreiblichen Wiedersehensfreude nicht trocken bleiben.

Fünffach Fasanenschrei von jenseits der Hecke.

„Unsere Freunde freuen sich mit uns, Silvie."

„Hey, Leute!" ruft Silvie in die Hecke.

„Hey, wilde Silvie!" brüllen die Kerle zurück und schlagen ihre Handinnenseite auf die Schenkel, dass es nur so klatscht.

Seeadlerschreie

Wir haben Unterricht bei Frau Müller-Kahl. Doch heute kann sich keiner auf Mathe konzentrieren. Alle sind aufgeregt und reden durcheinander. Wir wollen alles gut vorbereitet haben, wenn Silvie mit ihrer Mutter in unser Dorf zurückkommt. Heute ist es endlich so weit, heute am Erntedankfest, das in diesem Jahr mit dem Kartoffelfeuer zusammenfällt.

Was haben wir alles hinter uns gebracht, seit wir Silvie und ihre Mutter im Frauenhaus wiederfanden! Ich erinnere mich so deutlich an den grausamen Schmerz, als ich von den Mitarbeiterinnen des Frauenhauses aufgegriffen, von Silvie weggerissen und vor die Tür gesetzt wurde. An die Wut auf der Reise nach Hause, die in ihrer ganzen Heftigkeit in einen Plan mündete, Silvie aus ihrem Gefängnis heraus und in unser Dorf zurückzuholen.

Erst wurden alle unsere Leute zusammengetrommelt und auf Silvie eingeschworen. Dann musste jeder seine Eltern überzeugen, sich für Silvies Mutter einzusetzen. Gemeinsam zogen wir vor Hartmanns Haus und forderten von ihm, er solle sich für die Rückkehr der beiden stark machen. Das Schutzprogramm sollte aufgelöst werden und stattdessen ein Rückkehrverbot für den Schläger ausgesprochen werden. Hartmann sollte garantieren, dass er das Dorf nie wieder betreten konnte. Hartmann stand vor seinem Haus, einen Daumen hinter seinen Gürtel geklemmt, und nickte nur. Dann schrieb er Briefe, stellte Bescheinigungen aus und machte Pläne.

Der Bürgermeister schloss die Kneipe von Rudi und ließ durchblicken, er werde sie wiedereröffnen, wenn Silvies Mutter ein Café daraus mache.

Rudi selbst wurde inzwischen in der Stadt zu drei Jahren Gefängnis verurteilt. Dies gab schließlich den Ausschlag dafür, dass die beiden ihre Angst überwanden und ihre Zustimmung gaben, ins Dorf zurückzukehren.

Erntedank ist ein besonderes Fest. Wir schuften schließlich das ganze Frühjahr und den ganzen Sommer über im Garten wie der Bauer auf dem Acker, um all die Gemüse, Früchte und Getreide aus dem Boden zu holen. Das Paradies ist schließlich over, würde Viper sagen. Deshalb ist Schweiß angesagt. Aber in Wirklichkeit freut man sich gerade deswegen auf das Essen. Stimmt´s nicht? Wenn wir so richtig knochenmüde sind, dann schmeckt der Kartoffelpuffer himmlisch. Mit Zucker von den Rüben, die beim Erntedank nicht mitmachen dürfen, weil sie erst Ende Oktober geerntet werden. Kartoffeln und Kürbisse sind die letzten Früchte des Sommers, dann kommen die Kohlsorten, die Boten des Winters.

Für Silvie und ihre Mutter bereitet unsere Klasse eine Überraschung vor: ein Kartoffelfeuer von zehn Metern Länge auf dem Acker hinter ihrem Haus. Dafür haben wir Holz und Kartoffelstroh zusammengetragen und aufgeschichtet, bereit, es zu entzünden. Das wird in der Dunkelheit sagenhaft aussehen, versprochen.

Das Erntedankfest findet wie üblich vor der Kirche statt. Erst ziehen wir mit einer langen Prozession durch das Dorf und sammeln von allem, was geerntet wurde, etwas ein. Alles kommt auf einen Wagen, der von einem geschmückten Ochsen gezogen wird. Der Ochse sieht super stark aus. Fast so schön wie Silvie und ich uns die geschmückten Elefanten in Indien vorstellen. Er hat einen Herbstblumenkranz um den Nacken. An einer Stange über dem Wagen prangt eine Erntekrone. Ein Meisterwerk, kannst Du mir glauben. Nur wenige Frauen in unserem Dorf wissen, wie man sie aus Getreideähren binden muss. In diesem Jahr ist sie besonders schön, weil Roggen, Weizen, Hafer und Buchweizen darin mit bunten Schleifen verarbeitet werden konnten.

Die Farben, die sich auf dem Wagen sammeln, sind nahezu unbeschreiblich. Das Orange der Kürbisse überstrahlt alles, aber das Rot der Äpfel, das Blau der Pflaumen und das Grün der Birnen halten mit. In diesem Jahr hat jemand einen Korb mit Blaubeeren gestiftet. Das gibt es selten. Brombeeren häufen sich. Weißkohl finden wir schon mit seinen großen Blättern. Pilze in ihrem Braun. Zwiebeln, in großen Büscheln zusammengebunden und schon getrocknet. Kräuter: Pfefferminze duftet, Salbei, Kerbel wollen gerieben werden, um uns zu beeindrucken. Einer hat noch Kapuzinerkresse im Garten gehabt, und ihre bunten Blüten sehen fantastisch aus. Die ersten Hagebutten, Hundsrosenfrüchte, Vogelbeeren. Es ist alles wunderbar, und ich beneide Onkel Benno in diesem Augenblick, dass er all das fast einhundert Mal sehen durfte. Erntedank ist der schönste Tag des Jahres.

Hartmann verspätet sich. Er hat es sich nicht nehmen lassen, die beiden aus der Stadt abzuholen. Die Prozession hat aber schon begonnen, und sie sind noch nicht da. Mit all den anderen laufe ich hinter dem Ochsenwagen her und helfe mit, die Geschenke auf den Wagen zu laden. Wir laufen Straße für Straße entlang, und die Feuerwehr und die Schützenkapelle macht Musik. Eigentlich nicht mein Stil, aber ok. Ist ja Erntedank.

Trotzdem: kein Blaulicht, keine Silvie, kein Hartmann. Bei jedem Auto, das auf unseren Zug trifft, bekommen wir große Augen und lange Hälse. Nichts.

Der Ochse zieht den Wagen schon auf den Kirchberg hinauf, als plötzlich das Martinshorn vernehmbar wird und Hartmanns grüne Minna um die Ecke braust.

So ergibt es sich, dass der Polizeiwagen zunächst warten muss, bis der Ochse an der Kirche angekommen ist und alle um den Erntedankwagen herum Aufstellung genommen haben. Hartmann stellt die Sirene ab und wartet am Fuß des Kirchberges, bis sich die Prozessionsteilnehmer im Spalier aufgereiht haben. Dann fährt er langsam zwischen den Menschenreihen hindurch den Berg hinauf bis fast an den Erntewagen heran. Wir rennen zum Polizeiwagen, ich reiße die Tür hinten auf und Silvie springt heraus. Sie fliegt in meine Arme und ich in ihre. Alle Leute klatschen in die Hände. Das Klatschen steigert sich und wird rhythmisch. Silvies Mutter steigt aus und wird ebenso beklatscht. Ich habe mich noch immer nicht von Silvie getrennt und frage mich gerade, warum ich das überhaupt jemals wieder tun sollte, da steigt ein weiterer aus dem Auto: Viper! Und noch einer: Punky! Da habe ich meinen Grund zum Loslassen und begrüße die beiden stürmisch.

„Hey, Eagle!"

Die beiden sind natürlich komplett cool und schauen sich in aller Ruhe um auf unserem Kirchberg.

„Freaky", fasst Viper seine Eindrücke zusammen, und Punky sagt lässig: „Kein Fisch, alter Adler?"

Silvie und ich nehmen beide in den Arm, Bernhard, Bernd und Uwe kommen hinzu und legen ihre Arme ebenfalls auf unsere Schultern.

Dieses Erntedankfest wird wahrscheinlich in die Chronik unseres Dorfes eingehen: das Klatschen hält noch an, als wir schon alle die vielen Gaben vom Ochsenwagen genommen haben und sie in der Kirche vor den Altar gebracht haben. Als sich alle auf die Bänke gesetzt haben, beginnt Lars zu spielen. Er lässt es sich nicht nehmen, die Toccata des Himmels für mich und Silvie zu spielen, wie damals, als ich mir noch nicht sicher war, ob Silvie meine Freundin werden könnte und sie es doch eigentlich schon war.

Lars überredet die Orgel, ihm zu einem Höhenflug ohnegleichen zu folgen. Silvie und ich lassen uns nicht mehr los und schließen die Augen. Unser Totemtier, der Seeadler, fliegt mit uns über das Dorf bis hinauf in die Öffnung des Himmels, die Lars für uns aufschließt. Noch höher, schauen wir direkt ins Paradies und wissen, dass wir uns als verlorene Hälften wiedergefunden haben.

Der Pastor macht ausnahmsweise kurzen Prozess mit seiner Predigt und entlässt uns in die rasch zunehmende Dämmerung. Wir sieben Freunde gehen Arm in Arm hinunter ins Dorf und die Hauptstraße entlang bis vor die alte Kneipe, die nicht mehr so sein soll, wie sie mal war. Bevor die beiden, Silvie und ihre Mutter, noch hinein gehen können, entführen wir sie in die Dunkelheit hinter dem Haus. Auf mein Kommando entzünden meine Freunde das Kartoffelfeuer. Die Flammen greifen rasch um sich und lodern empor. In ihrem Schein leuchten die Gesichter aller aus dem Dorf auf, die die beiden willkommen heißen wollen. Alle lachen, klatschen erneut und sind fröhlich. Einen schöneren Start in ihr neues Leben können sie sich eigentlich nicht vorgestellt haben.

Der Abend wird lang: Unsere Freunde aus der Stadt werden beeindruckt durch den köstlichen Geschmack der Kartoffeln, die im Kartoffelfeuer rösten; sie erzählen unseren Leuten hundertmal, wie wir Silvie gesucht und letztlich gefunden haben. Ein ums andere Mal lassen wir den Fasanenschrei erklingen, der uns zusammen geführt hat. Bis Viper und Punky irgendwann ins Polizeiauto steigen und unter dem Gejohle aller mit Sirenengeheul Richtung Stadt aufbrechen. Hartmann fährt sie nach Hause.

In dieser Nacht kommt Hacki der Hund nicht mehr nach Hause und verschwindet so plötzlich, wie er gekommen war.

Die Zeit vergeht wie im Flug.

Es ist Anfang November und es wird kalt jede Nacht. Jeder Morgen ist neblig und kühl; die Sonne hat es oft schon schwer, durchzudringen zu uns. Gestern aber war ein herrlicher Tag. Den ganzen Tag über haben wir die Kraniche beobachtet. Sie kommen in Schwärmen von über zweihundert Vögeln aus Nordosten und kreisen über dem Kiesteich, schließen sich zu noch größeren Schwärmen zusammen, formieren sich zu einer riesigen ‚1' und setzen unter lautem Rufen ihre Wanderung nach Süden fort. Der Winter steht bevor, und es ist Zeit, gemeinsam unseren ersten Traum zu erfüllen.

Nur Silvie und ich wissen, dass wir Kinder des Seeadlers sind. Dass unser Schrei der Schrei des Seeadlers ist. Dass er unser Totemtier ist und über uns wacht. Aus großer Höhe, mit scharfem Auge, unfehlbar über uns wacht.

Wir treffen uns heute sehr früh vor dem Café und fahren mit dem Fahrrad zum Kiesteich. Noch ist die Sonne nicht am Himmel, wir beeilen uns, um ihren Aufgang gemeinsam zu erleben.

Wir erreichen den Kiesteich und entkleiden uns mutig, obwohl wir frösteln. Mehr noch: wir steigen ins Wasser, obwohl uns friert. Wir schwimmen hinaus zum alten Bagger im Kiesteich. Gemeinsam erklettern wir die Höhe des Förderbandes, so hoch oben, dass wir mit Adleraugen ausschauen müssen, um unter uns Einzelheiten auf der Wasseroberfläche zu erspähen. Wir setzen uns ans Ende des Förderbandes, die Beine baumeln bereits in die Tiefe. Wir warten, bis die Sonne am Horizont aufstrahlt und ihre Strahlen auf uns richtet. Schauen uns in die Augen, keiner erkennt Angst im anderen, beide sind wir voller Vorfreude darauf, dieses gemeinsame Erlebnis miteinander zu teilen: den Flug des Seeadlers bis hinab zur Wasseroberfläche und tief darunter.

Wir fassen uns bei der Hand, schauen uns an, grinsen grimmig und voller Mut; legen den Kopf nach hinten und schreien so laut den Schrei des Seeadlers, dass er in den Himmel und hinunter bis zum Wasser, hinüber bis zum Ufer schallt. Noch während wir schreien, fallen wir schon, fallen noch immer und fallen weiter, bis wir eintauchen in die Flut des Wassers, tief hinunter und wieder hinauf in eine neue, wunderbare, gemeinsame Zeit.